AF565560

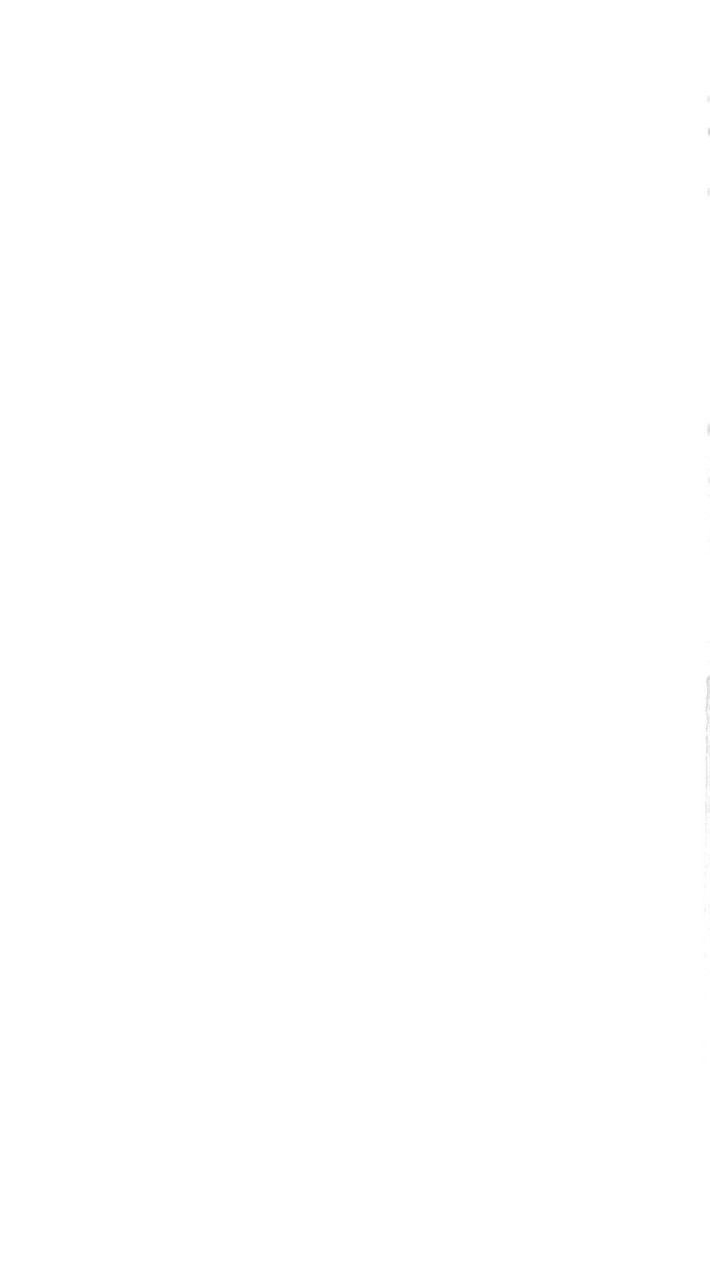

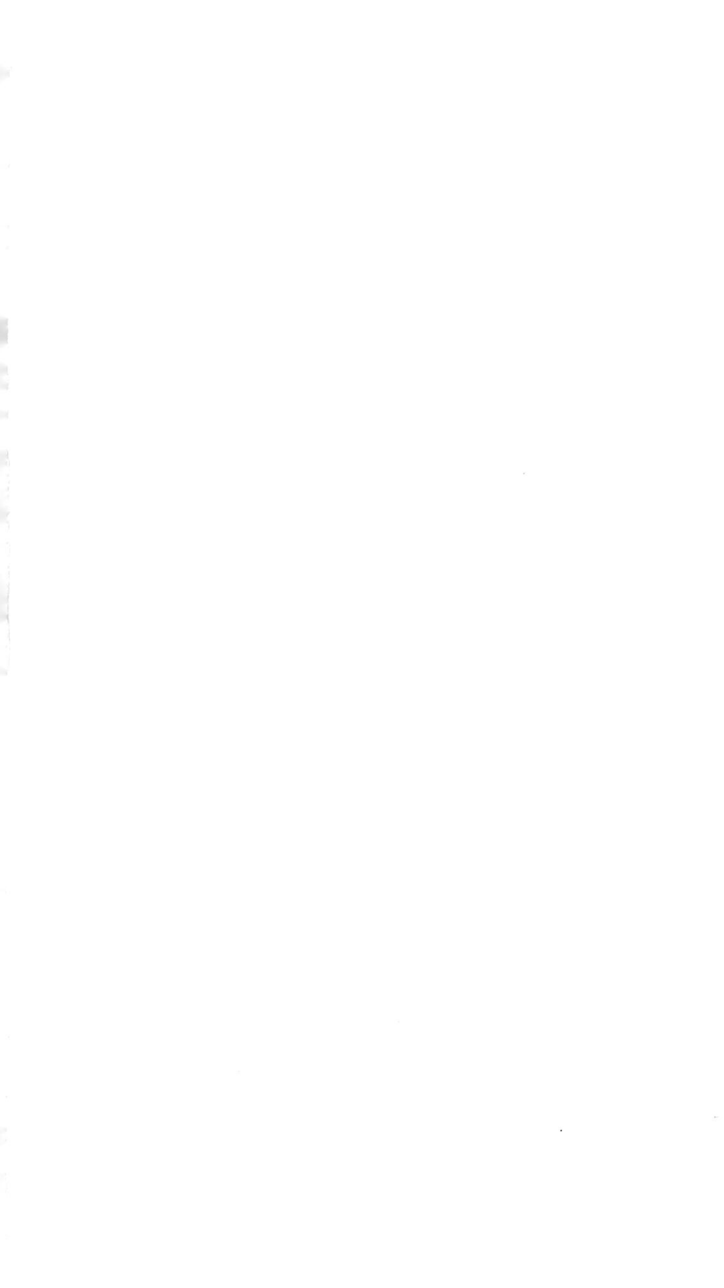

D. A. MILLER ist Literaturkritiker und Filmwissenschaftler. Er ist emeritierter John-F.-Hotchkis-Professor und Professor der Graduiertenschule im Fachbereich Englisch an der University of California, Berkeley.

D. A. Miller

FIGUREN DES SCHWULEN KINOS

Cruising, *Brokeback Mountain* und

Call Me by Your Name

Aus dem amerikanischen Englisch

von Till Bardoux

Konstanz University Press

Bibliographische Information der Deutschen Nationalbibliothek

Die Deutsche Nationalbibliothek verzeichnet diese Publikation in der Deutschen Nationalbibliographie; detaillierte bibliographische Daten sind im Internet über http://dnb.d-nb.de abrufbar.

www.k-up.de | www.wallstein-verlag.de
Konstanz University Press ist ein Imprint der Wallstein Verlag GmbH

Vom Verlag gesetzt aus der Chaparral Pro
Einbandgestaltung: Eddy Decembrino, Konstanz
Druck und Verarbeitung: Hubert & Co, Göttingen
ISBN 978-3-8353-9162-8

Inhalt

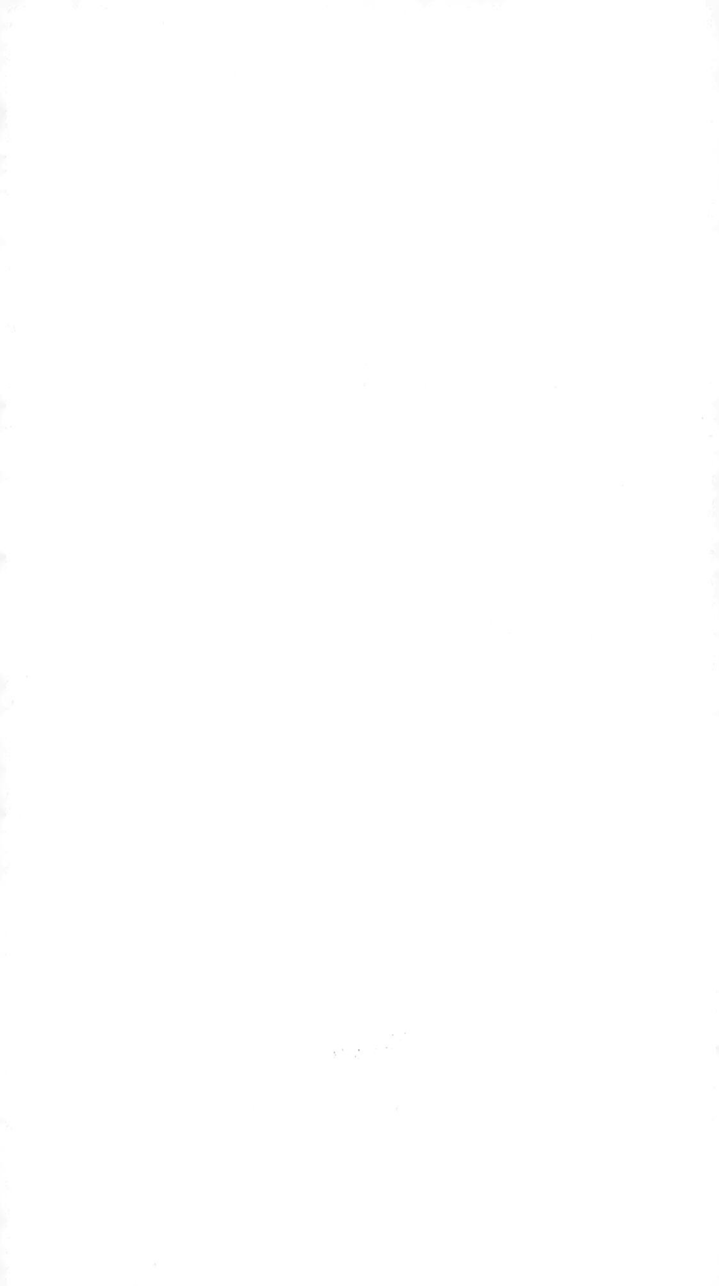

Der Samurai

Vorwort von Franco Moretti

Pescara, 1972. *Auf Einladung von Carlo Pagetti kommt David Miller im Herbst 1972 als Lektor für Englisch an die Università »Gabriele D'Annunzio«. Im Herbst 1972 erhalte ich – in Pescara, mit Pagetti – ein Forschungsstipendium. David ist 24, ich 22, wir treffen uns und kommen überein, dass ich einmal pro Woche in seiner Wohnung in Pescara bleiben werde und er dann und wann in meiner in Rom. Es war ein Jahr mit langen Abenden, vielen Zigaretten und Diskussionen. David studierte in Yale in der Ära von Paul de Man, Geoffrey Hartman, J. Hillis Miller und Harold Bloom; es gab vieles, was er mir beibringen konnte. Er wollte mehr über den Marxismus erfahren, und da hatte ich einiges zu erzählen. Für ihn war die Schlüsselfigur Roland Barthes (ein Strukturalist, der dem Marxismus recht nahestand), für mich war es Galvano della Volpe (ein Marxist mit aufmerksamem Interesse für die strukturalistische Sprachwissenschaft). Ich schaue zurück und lächele darüber, wie glücklich wir waren, damals, vor einem halben Jahrhundert.*

Mauvaise foi. Während seiner Dissertation arbeitet Miller hauptsächlich mit Peter Brooks zusammen; sie wird 1981 unter dem Titel *Narrative and its Discontents* [»Das Unbehagen im Narrativen«] veröffentlicht und ist eine Studie zur Erzähltheorie. Für diese Art von Arbeiten waren das magische Jahre – die Übersetzungen von Schklowskis *Theorie der Prosa* und Propps *Morphologie des Märchens* entfalteten ihre Wirkung, außerdem Lévi-Strauss' Schriften zum Mythos, Barthes' *Einführung in die strukturale Analyse der Erzählung* und *S/Z*, Weinrichs *Tempus*, Todorovs *Poetik der Prosa*, Genettes *Figures* –, und Millers Buch fügte dieser Mischung eine Idee von großer theoretischer Eleganz hinzu: Er untersuchte weniger das, was erzählt *wird*, sondern vielmehr das, was erzählt *werden könnte*, jene Ausgangszelle, die eine Geschichte überhaupt erst erzählenswert macht – das »Erzählbare«, wie er es nennt, *the narratable*. Wie das Echo auf Freud im Buchtitel nahelegt, ist es dieses Erzählbare, das im Wertesystem des Erzählers ein tiefes Unbehagen hervorruft: Arroganz, Lügen, Taktlosigkeiten, Tratsch, Ungerechtigkeit … kurzum, all die Ereignisse, die *eigentlich nicht vorkommen sollten* und die von den Erzählerfiguren der drei Schriftsteller·innen, die im Zentrum dieses Buches stehen – Austen, Stendhal und Eliot – ausdrücklich und wiederholt missbilligt werden.[1]

1 ***Berkeley, 1977.*** *David und ich haben irgendwie den Kontakt zueinander verloren. Ich bin umgezogen und an einer neuen Universität, er muss seine Doktorarbeit beendet haben und könnte irgendwo sein;*

Das ethisch Verwerfliche als etwas erzählerisch Produktives – die These steht in einer Parallele zu Goethes Ansicht der Novelle als »unerhörte Begebenheit« (anormal und inakzeptabel zugleich),[2] oder zur Idee Hegels aus den *Vorlesungen über die Philosophie der Geschichte*, dass glückliche Zeiten die »weißen Seiten« in der Weltgeschichte seien. Doch da ist noch mehr. Würden diese anstößigen Ereignisse tatsächlich nicht stattfinden, argumentiert Miller weiter, würde es eindeutig keine zu erzählende Geschichte mehr geben, und Erzähler·in und Roman würden augenblicklich verschwinden. Mit diesem eingängigen Gedankenexperiment – das die Diskrepanz ans Licht bringt zwischen dem, was ein Roman *erklärtermaßen tun will*, und dem, was er *tatsächlich macht* – bewegt sich *Narrative and its Discontents* über eine Narratologie hinaus, die nur als »kommentiertes Verzeichnis von narrativen Einheiten,

so war das Leben in der finsteren Vorzeit. Während eines kurzen Forschungsstipendiums in Los Angeles beschließe ich, San Francisco und Berkeley einen Besuch abzustatten; am Anglistik-Institut schaue ich auf die Liste der Professoren und entdecke einen David A. Miller, Raum soundso. Ich klopfe an, und David öffnet die Tür. Wir beginnen auf der Stelle loszureden, und an einem Punkt in unserem Gespräch sage ich: Ich verstehe das nicht, David, warum studiert jemand, der eine solche Leidenschaft für Literaturtheorie hat, keine Poesie? Weil es mehr Spaß macht, Romane zu lesen. *Das mag seltsam klingen, aber das war mir bis dahin nie in den Sinn gekommen. Ein paar Monate später beginne ich, den Bildungsroman zu studieren.*

2 Gespräch Goethe-Eckermann vom 29. Januar 1827 (A. d. Ü.).

Funktionen, Erzählweisen«[3] verstanden wird, um sich auf jene grundlegende Täuschung – ich klage über genau das, was ich eigentlich brauche – zu konzentrieren, ohne die Erzählung überhaupt nicht existieren würde. Im Anschluss an Sartre erhält dieser Taschenspielertrick den Namen *mauvaise foi* (Unaufrichtigkeit, Selbsttäuschung) – ein Begriff, der noch in dem Essay über *Brokeback Mountain* vernehmbar ist: »Er soll an die Selbsttäuschung der eifrigen Promoter des Films glauben« (S. 49).[4] Es ist eine scheue Zurückhaltung gegenüber den Quellen von Schönheit, die aus Millers Werk nie verschwinden wird.

Meisterstimme. Heute verhält es sich ein wenig anders, doch damals wurde für eine Anstellung an einer Hochschule wie Berkeley, wo Miller von 1977 bis 1990 lehrte, von einem Doktoranden erwartet, die Dissertationsschrift in ein Buch zu verwandeln und kurz vor der Fertigstellung einer zweiten Publikation zu stehen, um den Bruch mit der eigenen Vergangenheit als Student kenntlich zu machen. Schauen wir, wozu er imstande ist, jetzt, da er nur noch auf sich selbst zählen kann.

Millers zweites Buch, *The Novel and the Police* (1988), ist definitiv ein Neustart. Sein Leben hat sich in jenen

3 D. A. Miller, *Bringing Out Roland Barthes*, Berkeley, L. A. (University of California Press) 1992, S. 47.

4 Seitenangaben in Klammern verweisen auf Zitate aus diesem Band (A. d. Ü.).

Jahren erheblich gewandelt,[5] und das intellektuelle Klima ebenso. Als eine Reaktion auf die Sackgasse, in der sich die Narratologie wiederfand, verliert das Studium der Erzählhandlung an Boden gegenüber der Stilistik, die im Mittelpunkt von Millers künftiger Arbeit stehen wird. Damals ist diese Verlagerung allerdings noch von einer weiteren Neuheit dieses Buchs überschattet: dem beständigen Rückgriff auf Foucault und insbesondere auf *Überwachen und Strafen*. In jenen Jahren war in Berkeley Foucaults Einfluss entscheidend für die Herausbildung des New Historicism rings um die Zeitschrift *Representations*, deren erste Ausgabe tatsächlich das zentrale Kapitel aus *The Novel and the Police* enthielt. Miller blieb allerdings an den Rändern dieser neuen kritischen Strömung, unbeeindruckt von ihren faszinierenden Anekdoten. Ihm schien es besser,

5 ***Paris, 1993.*** *Sommer. David ist in Paris in der Bibliothèque Nationale und arbeitet an* The Novel and the Police, *ich bin in London an der British Library und arbeite an* The Way of the World. *Wir untersuchen beide Romane aus dem 19. Jahrhundert – in manchen Fällen genau die gleichen –, und etwas zeigt sich, was eine Konstante in unserer Freundschaft bleiben wird: eine enorme Freude daran zuzuhören, was der jeweils andere tut, ohne den leisesten Wunsch, ihm auf demselben Pfad zu folgen.*
In jenem Sommer beschließen wir, uns in Paris zu treffen. Wir gehen im Jardin des Plantes spazieren; sie hatten da Käfige, und in einem recht kleinen einen Tiger, der auf und ab rannte. Abends gehen wir essen in einer Straße in Montparnasse, menschenleer, mit Tischen auf dem Fußweg, und auf einmal sagt David: Ich mag Männer. *Ich kehre etwas verwirrt nach London zurück.*

Regeln zu haben – als Studienobjekt: jene stillschweigenden Vorschriften, die allen gewahr sind, auch wenn alle vorgeben, sie nicht zu sehen (die »offenen Geheimnisse« aus dem letzten Kapitel des Buches).

Das Ergebnis ist eine scharfe, leidenschaftliche Analyse des vom Roman des 19. Jahrhunderts ins Werk gesetzten »Regimes der Norm«, dessen Disziplin »charakteristischerweise an ›kleinen Dingen‹ ausgeübt« wird, ein Regime, das »die private und häusliche Sphäre« durchdringt, die für den Roman als Form typisch ist.[6] Schlüsseltechnik für diese »ungesehene, doch alles sehende Überwachung« ist die erlebte Rede (*style indirecte libre*), ein linguistisches Panopticon, das »durch das Zulassen, Annullieren, Gutheißen, Einordnen all der anderen Stimmen, die sie sprechen lässt«, die Dominanz der »Meisterstimme« des Erzählers etabliert.[7] Hier haben wir uns deutlich über die *mauvaise foi* aus *Narrative and its Discontents* hinausbewegt: Erlebte Rede – die große sprachliche Erfindung des Romans aus dem 19. Jahrhundert – ist für Miller das Zeichen einer unauflösbaren Verbindung zwischen ästhetischen Formen und sozialer Herrschaft. Aus der scheuen Zurückhaltung ist Gewissheit geworden.

6 D. A. Miller, *The Novel and the Police*, Berkley, L. A. (University of California Press) 1988, S. viii, 17, ix.

7 Ebd., S. viii, 25.

Drugstore Broadway Hollywood. Millers frühes Werk hatte einen erheblichen Einfluss auf die wissenschaftliche Untersuchung des Romans, während *The Novel and the Police* auch ein Schlüsseltext bei der Entstehung der Queer Literary Studies war.[8] Die beiden Essays zum »Mainstream Gay Movie« sind gute Illustrationen für Millers Stellung innerhalb dieses Studienbereichs, und manche Passagen – wie die Parallele zwischen erlebter Rede und den alternierenden Einstellungen in *Brokeback Mountain* – gehen deutlich auf seine Arbeit zum Roman zurück. »Die Aufgabe, die der traditionelle Roman einst erfüllte, ist nicht mit ihm verschwunden«, hatte er bereits in *The Novel and the Police* dargelegt, doch ging dessen Verschwinden einher mit der

8 »Neben seinen brillanten Meditationen über narrative Form, Perspektive, Identifikation, Verleugnung, Abgeschlossenheit und Ideologie«, schreibt Heather Love in einem außerordentlich scharfsinnigen Essay, »hat uns Miller die Lebensgeschichte und die Meinungen eines schwulen Mannes an die Hand gegeben. Ein Effekt dieser großzügigen persönlichen Gabe war es, queere Literaturwissenschaft zu legitimieren, ein Forschungsfeld, dessen Ursprung wir durchaus auf die Veröffentlichung von *The Novel and the Police* im Jahr 1988 datieren könnten.« Siehe Heather Love, »›His Way‹. Heather Love on D. A. Miller«, in: *GLQ* Bd. 17, Nr. 2–3, 2011, S. 371–379, hier: S. 372. Neben Loves Artikel sind Barbara Johnsons »Bringing Out D. A. Miller« (in: *Narrative*, Bd. 10, Nr. 1, Januar 2002, S. 3–8) und Frances Fergusons »Now It's Personal: D. A. Miller and Too-Close Reading« (in: *Critical Inquiry*, Bd. 41, Nr. 3, Frühling 2015, S. 521–540) ebenfalls äußerst lesenswert.

»Explosion des Romanhaften«.[9] Stimmt; und es sah in der Tat danach aus, als würde Miller die Umgebung nach Spuren der Explosion absuchen.

Ganz so einfach war es nicht. Später tauchte der Film als Mittelpunkt seiner Arbeit auf, mit der Monographie über Fellinis *Achteinhalb* für das Britische Filminstitut (2011), den hintergründigen Details von *Hidden Hitchcock* (2016) und dem Sammelband mit Millers Kolumnen für *Film Quarterly* (*Second Time Around*, 2021). Doch die 1990er Jahre waren eher ein bunter Mix: ein Essay über Hitchcocks *Rope* [*Cocktail für eine Leiche*] mit einer Coda zu Mapplethorpe (*Anal Rope*, 1990); ein kurzes Buch über Barthes, halb Geschichte der Kritik, halb Biographie (*Bringing Out Roland Barthes*, 1992); ein Buch zum Broadway Musical (*Place for Us*, 1998). Seine Erfahrungen als Schwuler traten in den Vordergrund (diese Titel!), ebenso die autobiographische Dimension (der Plan des Kellers im Haus seiner Eltern in *Place for Us*; Barthes, gesichtet im »American Drugstore« in Paris Saint-Germain), während die Literatur, trotz einer brillanten Studie mit dem Titel *Jane Austen, or the Secret of Style* (2004), in den Hintergrund rückte.[10]

9 *The Novel and the Police*, op. cit., S. x.

10 ***New York, 1990er Jahre.*** *1993 kommt David nach Columbia, und für ein paar Jahre lehren wir am gleichen Institut, arbeiten oft mit denselben Studentinnen und Studenten. Viele wunderten sich über eine so enge Freundschaft zwischen zwei so unterschiedlichen Menschen – Amerikaner und Italiener, schwul und hetero,* esprit de

Seine Studenten aus jener Zeit (Amanpal Garcha, David Kurnick, Kent Puckett) schrieben alle wichtige Bücher zum Roman; Miller war nicht länger danach. Genug ist genug, hatte er mir ein paar Jahre zuvor gesagt, jetzt, da *The Novel and the Police* fertig ist, kein schwerer Stoff mehr, lieber französische Farce, die dümmste, unhaltbarste Komödie, die man sich vorstellen kann, sodass wirklich niemand sie mehr ernst nehmen kann.

Später fiel die Farce wieder ins Vergessen; aber mit Sicherheit gab es eine Wendung hin zur Kulturindustrie, die im Buch über das Musical gipfelte (»ein Genre, das irgendwie *gay* wirkt, das einzige dieser Art, das die Massenkultur je hervorgebracht hat«[11]). Unsere Generation hatte grundsätzlich ein einigermaßen entspanntes Verhältnis zu »niederen« Formen der Kultur, die Theoretiker wie Barthes oder Eco aus der alten

finesse *und* esprit de géométrie … *Sollen sie sich wundern. In der gleichen Stadt zu wohnen – sogar im gleichen Viertel, da wir beide unsere subventionierten Wohnungen am Rand von Columbia aufgaben, um im Village zu leben – gestattete es uns, eine Beziehung mit alltäglichen Interaktionen statt nur intellektuellem Austausch zu führen: die U-Bahn-Fahrt am Ende des Tages, Abendessen, Spaziergänge im kalten Wind. Aber wenn wir auch einander mehr sahen, verstanden wir vielleicht weniger voneinander. In den 1980er Jahren arbeiteten wir beide zum Roman des 19. Jahrhunderts; zehn Jahre später schrieb er über das Broadway Musical, während ich einen Atlas der Literatur zusammenstellte. Die Pfade waren auseinandergegangen.*

11 D. A. Miller, *Place for Us. Essay on the Broadway Musical*, Cambridge, Mass. (Harvard University Press) 1998, S. 16.

akademischen Struktur emanzipiert hatten;[12] *Place for Us* bleibt jedoch eine einzigartige Errungenschaft, in seiner Schreibweise zugleich technisch, bewegend, historisierend, sarkastisch, analytisch ... und mit einem eigentümlichen Gefallen daran, furchtbar banale Melodien in kompromisslos komplexe Sätze zu zergliedern. (Derart, dass jene, die die Melodien mochten, über die Komplexität verstimmt waren, und andersherum.) Nicht, dass die Sätze in *The Novel and the Police* einfach gewesen wären; aber jetzt fielen sie allen mehr auf – weil sie sich mehr am Thema *rieben*. Ein kritischer Text, der seine Materialien präsentierte – und sie zugleich entfremdete. Der Stil entfaltete seine eigene Kraft.

Zweiter Anlauf. »Obwohl ich bestimmt an die richtigen Adressen für Literaturwissenschaft mit einer derartigen Ausrichtung geraten bin – Jesuiten, Yale, Cambridge, nochmals Yale –, hätte vermutlich irgendein anderer institutioneller Werdegang das gleiche Ergebnis hervorgebracht, denn damals war überall

12 ***Pescara, 1973.*** *Ein einigermaßen, aber niemals voll und ganz entspanntes Verhältnis. Eines Abends in Pescara entschloss sich eine kleine Gruppe, ins Kino zu gehen und einen Bruce-Lee-Film anzusehen. David blieb daheim, am Schreibtisch, hinter Arbeit verschanzt.* Sagt mal, ihr, die ihr den Abend damit verbringen wollt, euch Kung Fu anzuschauen, habt ihr denn schon alles von Shakespeare gelesen? *(Nein.) Aber eins muss klar gesagt werden: Unsere Rollen hätten hier gut und gern vertauscht sein können, mit mir in der Rolle des hochintellektuellen Spaßverderbers.*

die Meistertechnik der Literaturwissenschaften das genaue Lesen.«[13] Diese Adressen konnten in der Tat richtiger nicht sein; wir brauchen nur auf die Seiten zur Genesis von *Brokeback Mountain* (S. 59–61) oder über den Abspann in Guadagninos *Call Me by Your Name* (S. 114–118) zu schauen, um zu erkennen, was für ein wunderbar genauer Leser Miller ist. Und dennoch arbeitet er eindeutig nicht länger auf die Art und Weise, wie es Cleanth Brooks oder R. P. Blackmur getan haben. *»Too-close reading«*, nennt er es, allzu genaues Lesen, als würde er etwas leicht Pathologisches in seiner Haltung eingestehen; eine elegante Geste in einer Welt der Kritik, die sich selbst viel zu ernst nimmt, aber das allein wird ihm nicht gerecht. Besser passt der Titel seiner Kolumne für *Film Quarterly*: *Second Time Around*. Zweiter Anlauf, weil – anders als das traditionelle genaue Lesen, das sich organisch von einem Zusammentreffen mit dem Text zum nächsten entfaltet – sein Zugang unsteter ist, voller Fehltritte, und weil seine einzige Gewissheit darin besteht, dass er beim »ersten« Mal oft genau das verpasst hatte, was am wesentlichsten war.

Jenes »er« konnte sehr verschiedene Gestalten annehmen, vom Zehnjährigen, für den *Vertigo* »abwechselnd zu langsam lief für mein Interesse und zu schnell

13 D. A. Miller, *Second Time Around. From Art House to* DVD, New York (Columbia University Press) 2021, S. 32.

für mein Verstehen«,[14] über den jungen Doktoranden, der sich an der Yale Film Society trotzig gegen *Letztes Jahr in Marienbad* stellte (»Wenn die Cinephilie der 60er Jahre Geometrie gewesen wäre, dann würde *Letztes Jahr in Marienbad* Euklids fünftes Postulat gewesen sein, anders gesagt der Ort, an dem das Subjekt einen Ständer bekommt.«[15]), bis hin zum Miller aus jüngster Zeit, der so verärgert über *Call Me by Your Name* ist, dass er früher den Saal verlässt und die beste Szene des Films verpasst.[16] All diese verschiedenen – und

14 Ebd., S. 114.

15 ***San Francisco, 2000er Jahre.*** *Der Artikel über* Marienbad *ist noch unveröffentlicht und tatsächlich vorläufig ad acta gelegt, doch seine Eingangssequenz ist so perfekt, dass ich nicht widerstehen konnte, ihn zu zitieren. Jedenfalls ist es so, dass ich oft Davids Texte lese, bevor sie veröffentlicht werden, und er meine. Von Anfang der 2000er Jahre an sind wir beide in San Francisco; er lehrt in Berkeley, ich in Stanford, und wir treffen uns oft – vor allem seit der Geburt meines Sohnes. In »fachlicher« Hinsicht hat sich die Distanz zwischen uns verfestigt: Er wendet »Too-close Reading« auf den Film an, ich die quantitativen Techniken des »Distant Reading« auf die Literatur. Doch wir teilen weiterhin ein Konzept, das für uns beide zentral ist: »Gestalt«. Die Gestalt einer Zeile bei Racine, des Plots eines Western, eines kritischen Essays; Gestalt in ihren inneren Gliederungen, oder in der Art und Weise, wie sie ihren Materialien Form gibt, oder wie sie bei ihrem Publikum Vergnügen erzeugt. Das ist der Punkt, zu dem wir immer wieder zurückkommen, und zuweilen fühlt sich San Francisco wie das Pescara von '72 an. Es ist nicht nur Nostalgie für unsere Zwanziger, sondern für eine Idee, deren wunderbares Potenzial nun fast vollständig verflogen ist.*

16 »Ich mochte diesen Film so wenig, dass ich mit meiner lange sich auf verschiedene Weise irrenden – »Ichs« sind die vielen Instanzen dessen, was für Miller der normale Zustand der Dinge ist: jenes mutwillige, unerschütterliche *Miss*verstehen des ästhetischen Objekts, dass von einem »zweiten Anlauf« kritischer Arbeit korrigiert werden soll.

Doch warum sollte Missverstehen so weit verbreitet sein? Und wenn dem so ist, wie lässt sich ein Weg finden, es zu korrigieren?

… et j'ai lu tous les livres. Wenn ich Miller lese, denke ich oft an diese Zeile von Mallarmé. Es ist nicht so, dass er mit all den Büchern prahlen würde, die er gelesen hat (eher im Gegenteil), doch alles, was er beobachtet, wirkt auf ihn so, *als sei es schon »geschrieben« worden*: bezeichnet, etikettiert und beinahe eingesperrt durch Botschaften, die die Stumpfheit von Barthes' *doxa* mit dem Aktivismus von Foucaults Episteme kombinieren. Ob ausdrücklich in den Vordergrund gerückt wie im Chorus der Lobpreisungen für *Brokeback Mountain*,[17]

gepflegten Tradition brach, bis zum Ende des Abspanns sitzen zu bleiben; ich verließ den Saal, sobald die Worte »Call Me by Your Name« in der Einstellung vom weinend ins Kaminfeuer blickenden Elio erscheinen. Als ich aber anlässlich dieser Besprechung den Film ein zweites Mal ansah, wurde mir klar, dass ich mich durch mein vorzeitiges Verlassen um die beste Einstellung im Film gebracht hatte« (S. 114).

17 »Lee wird dafür gerühmt, ›auf offene Politik zu verzichten‹, seine Anliegen ›leise‹, ›subtil‹, mit ›Feinsinn‹, ›Nuanciertheit‹, ›Geschmack‹

ob indirekt im Vorübergehen erwähnt (»was Journalisten meine ›homosexuelle Begegnung‹ mit Roland Barthes nennen könnten«[18]), oder ob komprimiert in unpersönlichen Ausdrücken wie »die vermeintliche Offensichtlichkeit des Bildes«[19] – das Erfassen der Welt durch Allgemeinplätze ist der *basso continuo* seiner jüngeren Arbeiten und der Grund dafür, warum das Missverstehen tatsächlich allgegenwärtig ist: Unsere Wahrnehmung wird unablässig mitgerissen und fehlgeleitet durch vorgefasste, allgemeine Ideen. Die gesunde Ignoranz des Jungen, der *Vertigo* nicht verstand, hat sich in *falsches Wissen* verwandelt: totes Gedachtes, das sich wie ein Zombie an die ästhetische Dimension klammert und so Teil ihrer gesellschaftlichen Bedeutung wird.

Die Allgegenwart der *doxa* erklärt die Häufigkeit, mit der Miller vorgefasste Meinungen als Ausgangspunkte seiner Analyse nimmt. »In einer Szene erscheint der Homosexuelle als erklärter Feind der Familie; doch in einer anderen erhebt er sich edel zu ihrer Verteidigung;

und selbst mit ›heroischer Zurückhaltung‹ vorzubringen. Er sei bewundernswert ›zurückgenommen in seiner Ausrichtung‹ und lege sein Augenmerk auf ›die zwischen den Worten und in den Pausen artikulierten Gedanken und Emotionen‹. Die Pointe dieser Litanei wird klar, wenn sich mitten in ihr, als Teil derselben Beifallsbekundung, als regelmäßiger Einwurf die folgende Beobachtung findet: ›In dem Film gibt es nicht viel Sex.‹« (S. 58)

18 *Bringing Out Roland Barthes*, op. cit., S. 7.

19 *Second Time Around*, op. cit., S. 15.

natürlich hasst er Frauen – es sei denn, er wird gerade gezeigt, wie er sich liebevoll um sie kümmert« (S. 53); »Nachdem sie den Homosexuellen zu einem Marsmenschen gemacht haben, dürfen sie sich selbst dafür auf die Schulter klopfen, in ihm einen Artgenossen gefunden zu haben« (S. 66). Adverbien wie »natürlich«, »freilich« oder »selbstverständlich« sind die mokanten Stichwörter, auf die hin die Ideologie die Bühne betritt: So ist die Rede von der »Maske des Schwulen Mannes [...], dessen Rolle in dieser Komödie freilich genauso gründlich vorgefertigt ist wie die der anderen« (S. 49); »natürlich hasst er Frauen« (s. o.); »Selbstverständlich, wie es sich für gute naturalistische Protagonisten gehört, sehen die beiden geilen Cowboys den Mond nicht einmal« (S. 76).

Wieso »selbstverständlich«? Weil das wahrlich weit verbreitete und »normale« Ideen sind – soll heißen, weit verbreitet und normal, *weil normativ*. *So* solltest du auf die Welt schauen, damit du dich in ihr zu Hause fühlst, indem du mit deiner Nachbarin das teilst, was sich ohne Worte versteht. Es ist das fade, vage einladende Antlitz des Regimes der Norm.

Der Samurai. Aber – selbstverständlich – nicht gleich *jeden* einladend. Jene wie David Miller mit ihrer obszönen und bis vor kurzem noch kriminellen Sexualität freilich nicht. Dieser stillschweigende, doch eiserne Bann ist es, gegen den er anrennt. Muss ich, um akzeptiert zu werden, verbergen, wer ich bin?[20] Dann werde ich gar nichts verbergen. Meine schwulen Vorlieben und Abneigungen, bestens sichtbar für alle:

> Tatsächlich könnte erotische Enttäuschung die einzige genuin homosexuelle Reaktion auf *Brokeback Mountain* sein – und somit die einzige authentische Basis für eine politische Kritik des Films. (S. 50 f.)

> Darum lohnt es sich, von vornherein darauf zu insistieren, dass wir, anders als vom Programmheft verlautbart, nicht dazu *geboren* wurden, diesen Part zu spielen. In diesem künstlichen Krieg der Ideen müssen queere Intellektuelle Formen dessen entwickeln, was auf anderen Kampfplätzen Kriegsdienstverweigerung genannt wird. (S. 50)

Kriegsdienstverweigerung – oder den künstlichen in einen richtigen Krieg verwandeln? »Der Part, den Verwunderung im wissenschaftlichen Denken spielt«, schreibt Philip Fisher in seinem großartigen Buch über die Leidenschaften, »wird vom Zorn gespielt, wenn es darum geht, die Konturen von Ungerechtigkeit zu entdecken und uns unmissverständlich vor Augen zu

20 »Es ist nicht so, dass den Schwulen der Zugang zur Sphäre der Kulturerzeugung verwehrt würde, doch als Preis ihrer Zulassung müssen sie jedes Recht aufgeben, in dieser Identität *erkannt* zu werden.« *Place for Us*, op. cit., S. 37.

führen.«[21] Wie viel Zorn in diesen Essays, und wie viele Ungerechtigkeiten sie uns vor Augen führen: Kunst als der Closet des Closet, liberale Heuchelei, die grausame Blindheit des »Eheimperativs«...

Wie der »Samurai« in Melvilles Film noir [dt. *Der eiskalte Engel*] ist Miller in seinem Kampf gegen die *doxa* allein. Daher der Zorn. Wie kann man dem Missverstehen begegnen, das unsere ästhetische Reaktion verzerrt? Durch diese leidenschaftliche individuelle Erwiderung, um das Fehlen einer kollektiven Kraft wettzumachen. Einer Kunst, die sich selbst als »unsere Schweiz«, »zugleich politische Zuflucht und psychisches Sanatorium« präsentiert (S. 56), entgegnet er, wie die aus Lugano vertriebenen Fin-de-siècle-Anarchisten: *Repubblica borghese / Un dì ne avrai vergogna.*[22]

Ich komme nicht umhin, es anzumerken: Wenn doch nur die marxistische Kritik zu einer so intelligenten Wut imstande wäre.[23]

21 Philip Fisher, *The Vehement Passions*, Princeton (Princeton University Press) 2002, S. 2.

22 Zeile aus dem von Pietro Gori 1895 geschriebenen Lied »Addio, Lugano bella«, einem in Itaien sehr populären Protestsong; die Zeile lautet ungefähr: »Bourgeoise Republik / eines Tages wirst du dich schämen« (A. d. Ü.).

23 ***San Francisco, späte 1990er Jahre.*** *In San Francisco schauen David und mein Sohn oft vor dem Abendessen gemeinsam Filme an; erst* Tom und Jerry *oder einen Miyazaki, dann* Red River *oder* Singin' in the Rain. *An einem Abend unmittelbar vor unserer Rückkehr nach Europa zeigt ihm David die erste Fassung von Hitchcocks* Der Mann, der

Essay. Intelligenter Zorn, weil stilvoll temperiert: die »scharfe Pointe, die unsere Feinde bis ins Mark durchbohrt«, merkte bereits Heather Love zu Millers Buch über Jane Austen an.[24] Millers Schreibstil ist freilich Austens »wahrlich von außerhalb ihres Körpers kommender Stimme, die so rührend frei von dem ist, was sie als ›Besonderheit‹ und ›Eigenheit‹ verabscheut, dass sie von überhaupt keinem Sprecher zu kommen schien«,[25] diametral entgegengesetzt. Speziell in seinen späteren Texten ist sein Stil *durchwegs* Eigenheit: Es ist die Haltung, die er in *Hidden Hitchcock* als typisch für den Essay beschreibt, in dem »die Stimmungen, Tonfälle und Emotionen des Kritikers willkommen sind«.[26] Anders als das Buch, dessen polemischer Zweck von der schieren Masse des Materials fatal unterminiert wird, ist der Essay wendig und lebhaft und verwandelt selbst die technische Analyse in eine Waffe. Obwohl »zu verschieben und zu verallgemeinern«, wie Miller über *Brokeback Mountain* schreibt, gewiss

zuviel wusste. *Vielleicht deshalb ruft er eines späteren Abends seine eigene Schulzeit in Erinnerung und erzählt mir, wie er in der Gefahrenzone eines Schulspielplatzes entdeckte, dass Sprache eine Waffe sein konnte, die er so zu benutzen verstand wie andere ihre Hände.*

24 D. A. Miller, *Jane Austen, or The Secret of Style*, Princeton (Princeton University Press) 2003, S. 2; Heather Love, »›His Way‹«, op. cit., S. 371.

25 *Jane Austen, or The Secret of Style*, op. cit., S. 1.

26 D. A. Miller, *Hidden Hitchcock*, Chicago (University of Chicago Press) 2016, S. 20.

> ein klassischer Mechanismus homosexueller Verdrängung ist […] – man denke daran, wie viele Ungeoutete einen asexuellen Eindruck hinterlassen –, so ist doch Ledgers schauspielerische Darstellung von diesem Mechanismus beherrscht, wobei sie sich dem Mechanismus eher unterwirft, als dass sie diesen offenlegt. Die überproduzierten Zeichen des »Zusammengekniffenen« [verstärken] Ledgers Distanz von Ennis, der selbst genauso wenig Befähigung zum Schauspiel hat, wie er in einem früheren Leben über Proulx' Gewandtheit im *style indirect libre* verfügte. Die schauspielerische Darstellung der Verdrängung setzt das Werk der Verdrängung fort. (S. 70)

Unternehmen wir dieses eine Mal selbst ein wenig *close reading*. Miller beginnt mit der Eingrenzung einer rhetorischen Wahl (die Tendenz zur Verschiebung und Verallgemeinerung, die im vorherigen Absatz des Essays beschrieben wurde) und interpretiert sie als eine Form verinnerlichter Gewalt (Mechanismus homosexueller Verdrängung); dann erwähnt er mit einem Hauch Melancholie erlebte Erfahrung (man denke daran, wie viele Ungeoutete …) und beendet den ersten Satz mit dem Hinweis darauf, wie der Film für die Bedeutung seiner selbst gewählten Entscheidungen blind bleibt (er unterwirft sich eher, als dass er offenlegt). Der zweite Satz beginnt ebenfalls mit einem technischen Detail (die Zeichen des »Zusammengekniffenen«), welches als Basis für weitere stilistische Entscheidungen agiert (Ledgers Distanziertheit, *style indirect libre*, die beteiligten Figuren), und die Passage endet mit der Verschmelzung von Filmanalyse und politischem Urteil (die Darstellung setzt das Werk der Verdrängung fort).

In sechs Zeilen. Ich hätte zwanzig geschrieben. Und weil beim Schreiben Quantität niemals *nur* Quantität ist, vermittelt diese Verdichtung zwei deutlich verschiedene Argumente: erstens, dass das Verständnis des Komplexen seinerseits eine komplexe Form annehmen muss;[27] und zweitens, dass *aus dem Inneren einer solchen Komplexität heraus* der Konflikt irgendwie sichtbar gemacht werden muss. Das Ganze ist weder Hegels Richtig noch Adornos Falsch; es ist das Schlachtfeld zwischen widerstreitenden Kräften, denen die Kritik eine Stimme gibt.

Ein fast blendend helles Licht. Vielleicht hat es jemand gemerkt: Im letzten Zitat zu *Brokeback Mountain* fehlt etwas. Millers Text lautet eigentlich: »Die überprodu-

27 **Berkeley, 1985.** *Ich spaziere mit einem Englischprofessor über den Campus; er seufzt, ein wenig theatralisch: Sich mit David zu unterhalten würde neuerdings immer schwieriger werden, da er mehr daran interessiert sei, »an Sätzen zu meißeln« als »Konzepte zu schmieden«. Ich weiß nicht recht, was ich darauf sagen soll; wenn jemand mit Sprache arbeitet, sollte er doch Freude an gut konstruierten Sätzen empfinden … und doch brauchte ich selbst lange, um zu verstehen, wieviel* Arbeit *sich in Davids Stil niedergeschlagen hatte und wie dieser Stil auf indirekte Weise augenöffnend sein konnte.*

zierten Zeichen des ›Zusammengekniffenen‹ weisen uns eher auf die bemerkenswerte Handwerkskunst des Schauspielers als auf den nervösen Hintern seiner Figur. Wenn wir diese Handwerkskunst bewundern, verstärken wir Ledgers Distanz von Ennis usw. usf.« Ich habe diesen Hintern herausgeschnitten, um ihn noch deutlicher hervorzuheben, denn er ist für Millers Stil ebenso typisch wie sein gallebitteres Lächeln oder die Demaskierung ideologischer Gemeinplätze. Wenn wir es als gegeben nehmen, dass die *mauvaise foi* des Mainstream Gay Movies darin besteht, schwulen Sex hinter wunderschöner Kinematographie zu verstecken, dann wird wahrhaft kritisches Handeln diesen in gänzlich ungeschminkter Weise wieder ans Licht bringen. Wenn er schon nicht gesehen werden kann, soll er zumindest *gesagt* werden:

> Sogar die diskreten konnotativen Kodes des Films sind da deutlicher, und wer immer sie nicht willentlich ignoriert hat, weiß genau, was anzusehen hier unfreundlich oder abstoßend wäre: das unhübsche Spektakel von Blut, Schmerz und Scheiße, das die Initiation von Elios verlangendem Arschloch ist. (S. 108)

Es gibt kein richtiges Leben im Falschen, lautet eine berühmte Sentenz aus der *Minima Moralia*; das heißt aber nicht, dass es *immer* falsch sein sollte. Das ist die finale Ausrichtung in Millers kritischem Werk: eine ununterdrückbare Leidenschaft für – *Wahrheit*. Die Kameraeinstellungen in manchen Szenen von *Cruising*, lesen wir,

> werfen ein beinahe blendendes Schlaglicht auf eine Sexualität, die so tief im Schatten verborgen lag, dass sie bis heute weitgehend filmisch unsichtbar ist […] schon allein, uns das »Sexuelle« im »Homosexuellen« *überhaupt* sehen zu lassen, ganz zu schweigen von der Ausgiebigkeit, in der Friedkin es getan hat, ist eine territoriale Eroberung, die den Vergleich mit Cortez nicht zu scheuen braucht. […] Neben all ihrem offenkundigen ästhetischen Verstärkungseffekt transportieren diese Einstellungen auch eine dokumentarische Kraft. (S. 34)

San Francisco, 2010er Jahre. *Vielleicht ist es nicht einfach, Davids Willen zur Wahrheit zu erkennen; vielleicht sticht er nur ins Auge, wenn man hunderte Stunden im Gespräch mit ihm verbracht hat und erleben konnte, wie er – der Stilist, der selbst im verschlungensten syntaktischen Labyrinth nicht ins Stolpern kommt – in ein* »That's what it means. That's what it really means!« *ausbricht. So im äußersten Maße komplex zu sein, ohne je dieses einfache Ziel aus den Augen zu verlieren, ist eine weitere intellektuelle und politische Lektion, die wir von David Miller lernen können.*

Figuren des schwulen Kinos

Cruising

»Die Lederszene in *Cruising* ist einfach ein Hintergrund für einen rätselhaften Mordfall.« Seit die Dreharbeiten an *Cruising* 1979 von New Yorker schwulen Protestierenden gestört wurden, hat William Friedkin dieses Argument so oft vorgetragen, dass er ihm, zweifellos ungeduldig, es ein für allemal abgehakt zu haben, in seinem Kommentar zur neuen DVD-Ausgabe von *Cruising* die selbsterklärende Logik einer Tautologie verleiht: »Der Hintergrund der Lederbars ... ist einfach ein einzigartiger Hintergrund.« Doch auch die mantraartige Wiederholung kann nichts daran ändern, dass bezüglich *Cruising* die Lederszene, eben aufgrund ihres »einzigartigen« Aspekts, niemals nur einfach ein Hintergrund gewesen ist. Friedkin selbst war ganz im Gegenteil ohne diesen Hintergrund gar nicht an der Kriminalgeschichte interessiert gewesen. Als er zum ersten Mal gefragt wurde, ob er Gerald Walkers Romanvorlage von 1970 verfilmen wolle, einen Text, in dem die Homosexuellen feingliedrig waren, Pony trugen und biblisch gesprochen ihren Arsch nicht von ihrem Ellbogen unterscheiden konnten, verzichtete er gelangweilt. Das war, bevor er begann, mit nichts am Leib als einem Jockstrap und (sicherheitshalber) begleitet von einer bewaffneten Mafiaeskorte im gleichen Kostüm, sich ins Mineshaft zu wagen, um mit eigenen Augen die schwule Sexszene anzusehen, die sich dort in letzter Zeit entwickelt hatte. Was er zu sehen bekam, rüttelte ihn wach und überzeugte ihn davon, dass der Roman, in dieses neue Milieu verlegt, auf der Leinwand funktionieren könnte. Seine nächtlichen Besuche tauchen im Film wieder auf, wo sie vom Hauptprotagonisten Steve Burns (Al Pacino) abgehalten werden, einem straighten Undercover-Polizisten, der auf der Suche nach einem Homo-Mörder die New Yorker schwulen Lederbars und -clubs infiltrieren muss. Die entsprechenden Kamerafahrten vor Ort sind das, was *Cruising* 1980 so aufregend machte; und sogar heute lassen sie sich nicht als Banalität abtun.

Es ist leicht ersichtlich, warum. Die Kameraeinstellungen, die durch das Dunkel von Bars mäandern, deren Gäste ebenso gut gerade dabei sein könnten, Schwänze zu lutschen wie Bier zu schlürfen – und wo selbst jenes Bier dazu bestimmt zu sein scheint, auf Männer gepisst zu werden, die eigens dafür in Badewannen sitzen –, werfen ein beinahe blendendes Schlaglicht auf eine Sexualität, die so tief im Schatten verborgen lag, dass sie bis heute weitgehend filmisch unsichtbar ist. Hollywood, bis dahin kaum imstande, anzudeuten, was zwei schwule Männer daheim unter der Bettdecke anstellten, geht plötzlich dazu über, uns

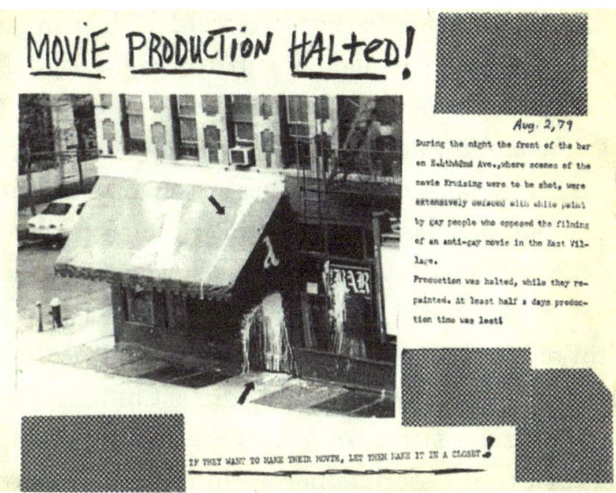

Protestflyer gegen die Produktion von *Cruising*

eine vollständige und akkurate Vorstellung davon zu liefern, was etliche von ihnen in Schlingen gefesselt im Anvil trieben. Wirkliches *cruising* findet in diesen Einstellungen ausgesprochen selten statt (und die wenigen Aufreißversuche scheinen in fantastisch kurzer Zeit erfolgreich zum Ziel geführt zu haben); die meisten Männer sind anscheinend bereits kurz davor abzuspritzen. Kein trauriges, einsames Sehnen hier; stattdessen ein höchst opulentes Spektakel von Vollzug und Sinnesfreuden, so sehr von Körpern wimmelnd wie ein Gemälde von Bosch. Die Protestierenden behaupteten sicherlich zurecht, dass *Cruising* eine lange Hollywoodtradition fortsetzt, in der das Homosexuelle und das Mörderische gleichgesetzt werden, doch in seinen Vorgängern – vor allem in Hitchcocks *Rope* (1948, dt. *Cocktail für eine Leiche*) und *Strangers on a Train* (1951, dt. *Der Fremde im Zug / Verschwörung im Nordexpress*) – war das Mörderische alles, was wir zu sehen bekamen; schon allein, uns das »Sexuelle« im »Homosexuellen« *überhaupt* sehen zu lassen, ganz zu schweigen von der Ausgiebigkeit, in der Friedkin es getan hat, ist eine territoriale Eroberung, die den Vergleich mit Cortez nicht zu scheuen braucht. Und James Contners Kameraarbeit zeigt sich dem Anlass gewachsen, indem sie das Fries der Ledermänner in ein ätherisch blaues Licht taucht – ausgezeichnete Gloriole für die Jeans und die Metallteile, die sie tragen –, sodass sie sich von ihren Ecken und Winkeln abheben wie die vergoldeten Heiligenfiguren in so vielen Seitenkapellen. Der Film ist unterlegt mit grandioser Originalmusik von The Germs, deren pulsierender Punk wie alles hier zu eindringlich ist, um nur Hintergrund zu sein.

Neben all ihrem offenkundigen ästhetischen Verstärkungseffekt transportieren diese Einstellungen auch eine dokumentarische Kraft. Der bebilderten schönen neuen Welt gab Friedkin die authentifizierenden Verfahren des Neorealismus bei, indem er tatsächlich existierende Örtlichkeiten nutzte und neben seinen professionellen Schauspielern Laien auftreten ließ. Diese nicht bloß aus der Lederszene ausgesuchten Komparsen wurden dabei gefilmt, wie

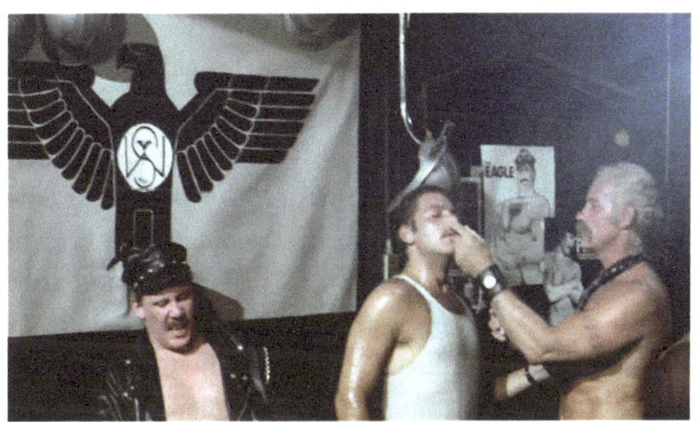

Schwuler Neorealismus

sie die suggerierten sexuellen Handlungen wirklich ausführten. »Ich gab den Leuten in diesen Szenen nicht irgendeine Richtung vor; ich bat sie einfach, ihr Ding zu machen und mich das filmen zu lassen.« Auch wenn dem Film die Explizitheit von Pornos fehlt, teilt er mit der Pornographie die Bejahung der »Ontologie des fotografischen Bildes« im Sinne Bazins. Die realen Orte sind nicht so ähnlich wie die gefilmten, es *sind* diese Orte; die Männer im Hintergrund sind nicht einfach hergekommen, um den Männern an diesen Orten zu ähneln; sie *sind* diese Männer. Ihr Spielen mit den Brustwarzen ist nicht nur Spiel, oder anders gesagt, es ist *nur* Spiel, und nicht die anspruchsvolle »Arbeit«, die es für gewerkschaftlich organisierte Komparsen sein müsste. Die Dioramen aus *Cruising* überzeugen uns, dass schwuler Sex passiert, und das ist, in einer Kultur, die lebhaft damit beschäftigt ist, alle Spuren homosexuellen Begehrens zu tilgen, keineswegs eine universell selbstverständliche Behauptung. Arthur Bell, der Initiator der Proteste, fürchtete, dass *Cruising* »die Schwulen zurück in den Closet[1] treiben« könnte, doch das verkennt die Beweiskraft, die in der Beinahe-Pornographie des Films liegt. Es ist sehr viel wahrscheinlicher, dass *Cruising* heimliche Schwule in die Clubs rennen ließ, um sich Bestätigung dafür zu holen, dass es dort wirklich so zuging. Vorher hatte man nichts auch nur annähernd Ähnliches auf der Leinwand gesehen, und der glückliche historische Moment, der die Entstehung des Films begünstigte – nach der Gay Liberation, doch vor AIDS, als neugierige Heterosexuelle wie Friedkin (mit den entsprechenden Sicherheitsvorkehrungen) in ihrer Faszination für die Szene schwelgen konnten –, wird sich nicht ohne Weiteres wiederholen.

❧

Friedkin fasst die Originalität der Szene ungefähr so auf wie Michel Foucault, der in diesen »Laboratorien

1 Zur Bezeichnung der gesellschaftlich verdrängten Homosexualität wird üblicherweise der Begriff aus dem Englischen übernommen. Sein Ursprung liegt in der Wendung *coming out of the closet* (»aus dem Wandschrank herauskommen«) für die Öffentlichmachung der eigenen Homosexualität (A. d. Ü.).

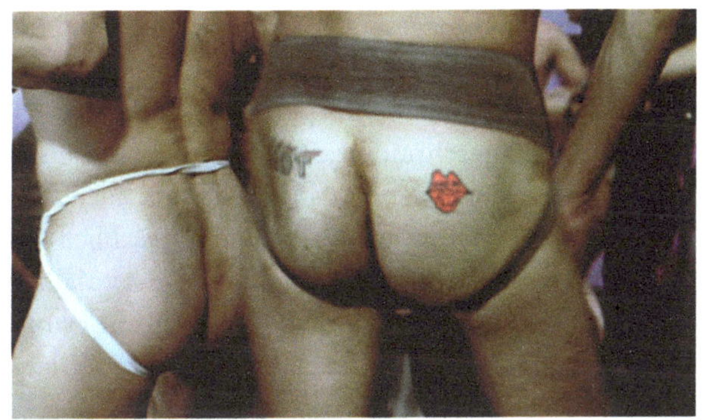

»Unsere Arschlöcher sind revolutionär!«

sexueller Erprobung«, wie er die SM-Hinterzimmer in New York und San Francisco nannte, eine Neuerfindung des Sex sah, bei dem es darum gehe, »jeden Teil des Körpers als sexuelles Instrument zu verwenden«.[2] Prominent in den Laboratorien von *Cruising* ist sicherlich die anale Liebkosung, eine Vorliebe, für die sowohl die vielen aus den Hosentaschen lugenden roten und marineblauen Taschentücher als auch, mit weniger Förmlichkeit, die in stattlicher Zahl vorbeidefilierenden nackten Ärsche zeugen. Nicht länger privatisiert, sondern stolz zur Schau gestellt, ob tätowiert, haarig oder sogar schmutzig, drängen diese Hinterteile (wie

2 Michel Foucault, »Sexuelle Wahl, sexueller Akt«, in: *Schriften in vier Bänden*, dt. von Michael Bischoff u. a., Frankfurt a. M. (Suhrkamp) 2003, S. 382–401, hier: S. 396 f. (A. d. Ü.).

der Hintergrund insgesamt) in den Vordergrund unserer Aufmerksamkeit. Doch diese anale Responsivität irrt nicht nur zu anderen Körperteilen ab (Achselhöhlen, an denen geschnüffelt, Brustwarzen, an denen gekaut oder gezerrt werden muss), sondern auch zum Körper als Ganzem. Manchmal scheint tatsächlich das Reinstecken der Geschlechtsorgane eine fast zufällige Begleiterscheinung zu etwas zu sein, was auf grundlegendere Weise ein ekstatisches, nicht jugendfreies Kuscheln ist, dessen Ziel darin besteht, jeden Körper in totalen erotischen Kontakt mit jedem anderen zu bringen.

Allerdings ist keine der hier abgebildeten Praktiken, auch nicht die eher schockierenden, so sexy, so nah an der Inkarnation völliger Körperbereitschaft wie das Tanzen. Der Dancefloor bietet eine Art sexuelles Vorzimmer, in dem Körper, hilfreicherweise chloroformiert mit poppersgetränkten Bandanas, jegliche Form von Bloßlegung, Berührung, Gruppierung antizipieren. Deshalb bietet der Moment, in dem Steve mittanzt, das maximale »Gaying«, das für seine Figur möglich ist, umso einfallsreicher, als uns eingedenk dessen, dass er »die Pacino-Rolle« ist, niemals etwas Expliziteres zugestanden werden würde. Anders als bei der schwulen Tanzszene in *Philadelphia* (1993), wo in konventioneller Paarformation im Ballsaal getanzt wird, dehnt Steves Tanzen die Berührbarkeit über seinen ganzen Körper aus, sodass, ganz gleich, wer ihn letztendlich berührt – einschließlich Steves Freundin Nancy (Karen Allen) – und wo er berührt wird – selbst an den unanstößigsten Stellen – dieser Körper bereits vollständig der homosexuellen Drift anheimgegeben ist. Das ist die implizite Bedeutung der letzten Einstellung, in der sich Steve nach abgeschlossenem Einsatz vor einem Spiegel rasiert; im Spiegel nimmt er neben seinem eigenen Spukbild die hinter ihm stehende Nancy in seinen Lederklamotten wahr. Mit wem er Sex hat, wird nicht länger viel beweisen; sein Körper wurde entsublimiert, aus dem organisatorischen Griff der geschlechtlichen Orientierung befreit. Ist er jetzt homosexuell? Gewiss scheint, dass er es nicht länger nicht ist. Er wurde in etwas Queeres verwandelt.

❧

Die Leute und die Straßen Roms in Rosselinis *Roma città aperta* (1945, dt. *Rom, offene Stadt*) fühlen sich an wie direkt aus dem Leben gegriffen, doch der Gute Priester, der Homosexuelle Schurke, die Aufopferungsvolle Mutter, die Jugend von Morgen usw. sind gänzlich Mythen, die via Hollywood aus der Fiktions-Klamottenkiste des 19. Jahrhunderts recycelt wurden. Diese Dissonanz zwischen Hintergrund und Geschichte (Figuren, Situationen, Dialoge) ist für das neorealistische Projekt, wo auch immer es zutage tritt, grundlegend; mehr noch, zu ihrer Harmonisierung

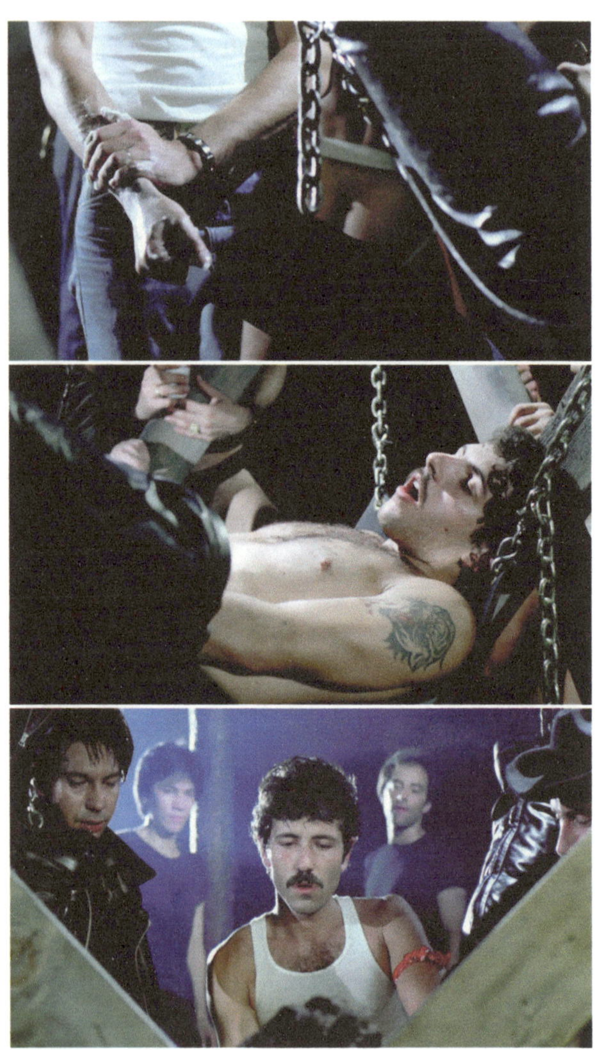

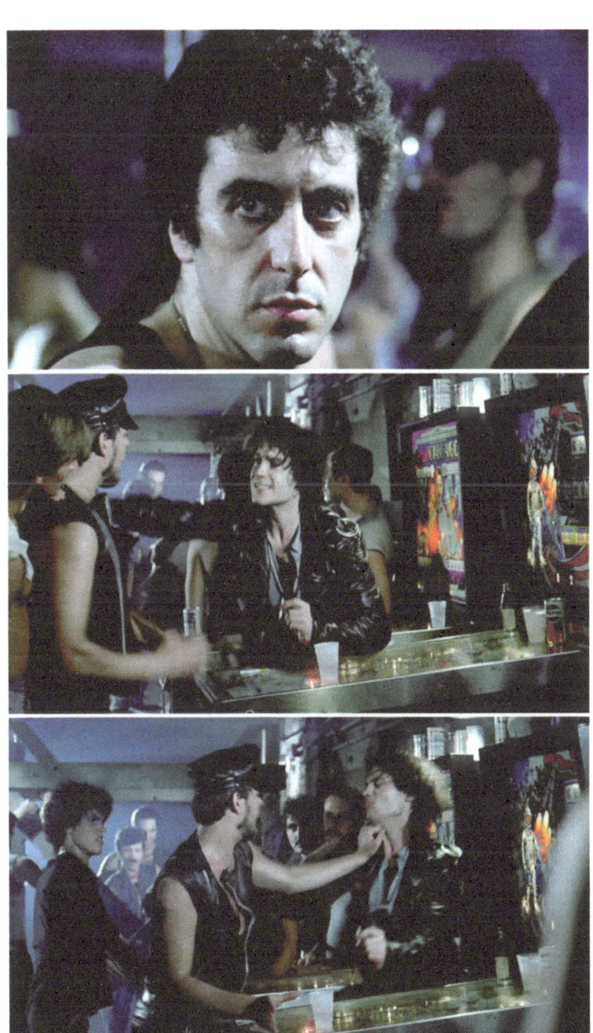

existiert das Projekt überhaupt, indem es Ideologie zum Status des Realen befördert, während es das Reale auf die ideologischen Bedeutungen reduziert, denen es Gastrecht gewährt. In *Cruising* wird das neorealistische Unterfangen jedenfalls auf diese Weise umgekrempelt: Die Authentizität der Barszenen sanktioniert den rigorosen Wunsch des Films, das auszulöschen, was er in ihnen flüchtig erhascht hat.

Folgen wir der Faust in jener straff komprimierten Sequenz im Abschnitt mit dem Titel »Wanna Dance?«. Zuerst sehen wir eine Fistfuck-Szene – extrem in jeder Hinsicht, bis dahin beispiellos auf der Hollywood-Leinwand; es gibt Einstellungen beider Partner, doch die Ausrichtung unseres Blicks ist hauptsächlich durch den Mann in der Schlinge bestimmt. Ein Schnitt, und wir sind bei einem Close-up von Steve, der von weiter weg in dieselbe Richtung blickt, seine riesigen Augen so weit aufgerissen, wie es die von Friedkin bei seinem ersten Besuch um Mineshaft gewesen sein müssen, oder, wenn wir einmal dabei sind, wie unsere eigenen es wahrscheinlich in genau diesem Moment sind. Dann bricht urplötzlich anderswo im Club ein Faustkampf zwischen zwei Gästen aus. Die Nahaufnahme des beobachtenden Steve markiert – und maskiert – den Übergang zwischen Beschreibung und Erzählung: Auf der einen Seite anonyme Hintergrundfiguren, die, wie pikant auch immer, keine Rolle in der sich entfaltenden Geschichte spielen; auf der anderen Seite das Auftauchen eines professionellen Schauspielers (Jay Acovone), der einen Verdächtigen spielt, und in seinem Gefolge die Entwicklung von dramatischem Ereignis, Rätsel, Psychologie; der Plot hat sich sichtbar verdichtet. Unter anderen Umständen könnten wir zu der Beobachtung gekommen sein, dass die Plausibilität – vielleicht sogar die Realität – des Fistens der beinahe komischen Unwahrscheinlichkeit – und unbestreitbaren Erfundenheit – eines Faustkampfes in einem Schwulenclub gewichen ist. Doch in diesem Fall wird jede solche Wahrnehmung durch die höhere Gewalt einer anderen Art von Logik überwältigt: der Logik, die in jedem normalen Mann die Aussicht darauf, gefistet zu werden, mit einem schnellen »Hoch die Fäuste, wehr dich« koppeln würde. (Die Kampfparole hier: »He, Arschloch!«)

Freilich ist Steve weder in der Situation, gleich gefistet zu werden, noch ist er in den Faustkampf involviert. Er nimmt eine Mittelstellung zwischen den beiden Möglichkeiten ein, indem er weder direkt an dem von den Schwulen praktizierten »extremen Sex« teilhat noch an der Gewalt, die, obwohl sie ebenfalls von Schwulen praktiziert wird, hier wie dessen homophobe Negierung wirkt. Er wird jedoch gezeigt, wie er beides in sich aufnimmt, als Teil des gleichen jeden Rahmen sprengenden Geschehens vor seinen Augen; durch diese gänzlich faszinierten Augen verinnerlicht er das Diptychon als das, was sein eigener

Seelenkampf und auf ambivalente Weise auch sein eigener narrativer Wegverlauf werden wird. Es ist wichtig festzuhalten, wie all das lediglich *implizit* und sogar in mystifizierter Form präsent ist. »Ein schwuler Mann, den ich nicht kenne, bringt gegenüber einem anderen schwulen Mann, den ich nicht kenne, seine Faust zum Einsatz« – das ist der mehrdeutige Freudsche Traum, den Steve am Leben hält, und in diesem ist seine Identifikation sowohl mit dem »Opfer« als auch mit dem »Angreifer« lebendig begraben in der über sich selbst nichts wissenden Faszination für das Andere. Sobald wir erst einmal vom Hintergrund zu dem rätselhaften Mordfall mit Al Pacino als Darsteller übergehen, sagen wir endgültig Lebewohl zum Neorealismus und Hallo mal wieder zum Celluloid Closet mit all seinen streng epistemologischen Erregungen. Dieser Closet wird gleich doppelt wieder etabliert, zum einen in der Handlung als Steves geheimes, »verdrängtes« Begehren, so beständig unter gesellschaftlicher Zensur, dass wir über dessen Realität kaum Gewissheit haben können, und zum anderen im Filmen der Handlung als Friedkins entsprechender Stil von Andeutung, Ambivalenz, Auslassung, Symbolismus und Verlagerung. Nachdem wir soeben im Hintergrund unzweideutig schwulen Sex dargeboten bekommen haben, treten wir wieder ein in den alten Zustand, in dem wir uns hoffnungs- oder angstbang fragen, ob dieser Sex sich jemals im Vordergrund materialisieren wird, so wie wir uns einst fragten, ob in *Rope* die angedeutete Homosexualität der Protagonisten jemals deutlich benannt werden würde.

Die Überfülle an Beweisen, dass homosexuelles Begehren nicht länger diese Form annehmen muss, scheint die Vergeltung, mit der es nun zurückgewiesen werden muss, nur verschärft zu haben. Steves Traum von der Faust reproduziert die dem Film eigene, schon bereitstehende und sehr gelegen kommende Fantasie von einem unidentifizierten Homo-Mörder, einem Schwulen, der justament im Impuls des schwulen Begehrens Schwule ermordet. In dieser Fantasie gibt es keinen schwulen Sex, der nicht mit schwuler Gewalt als intrinsischer Strafmaßnahme gegen diesen einhergehen würde: kein Fick in den Hintern ohne Messerstiche in den Rücken, kein Blowjob ohne Blutspritzer anstelle von Wichse; keine polymorphe Perversität, ohne dass der Körper buchstäblich entzwei gehen und im Hudson treiben würde. Das sind Seiten derselben Medaille, und wohl keine wird häufiger geprägt als diese. In der Romanvorlage musste nur *ein* Mörder gejagt werden, im Film aber ist er allgegenwärtig, insofern seine Identität gezielt über eine Anzahl verschiedener Schauspieler und Figuren ausgestreut wurde: Der Mörder im Mord Nr. 1 ist das Opfer in Mord Nr. 2, während der Schauspieler, der das Opfer in Mord Nr. 1 *spielt* … usw. Die Idee besteht darin, einen symbolischen Kreislauf zu etablieren, durch den jeder schwule Mann über verschiedene Grade der Trennung zu seinem eigenen Mörder wird. Aber – und da ist der Haken an der Sache – der Kreislauf ist nie ganz geschlossen; das überwältigend sichtbare Spektakel vom Sex schwuler Männer könnte für jeden Mann, der es erblickt, schlichtweg unwiderstehlich sein und es selbst dann bleiben, wenn dieser Sex wieder gewaltsam in den Closet gesperrt wurde. Im finalen Rausch seiner Verdrängung hat Steve wahrscheinlich seinen einzigen schwulen Freund umgebracht; doch eingedenk der sexuellen Mehrdeutigkeit von »Mord« in diesem Film enthomosexualisiert ihn die Ermordung kaum. Die letzte Einstellung beharrt darauf, dass er, wie weit auch immer er sich selbst von der Szene entfernt hat, niemals mehr das aus seinen Pupillen entfernen wird, was diese in sie eingeschrieben hat.

❧

Angesichts dieser kühl-furiosen Fantasie von Schwulen, die einander lieben/töten und jeden von uns – da wir uns durch unsere verletzlichen, weit aufgerissenen Augen mit ihrer Homosexualität infizieren – ebenfalls in einen schwulen Liebhaber/Mörder verwandeln, ist man beinahe versucht zu sagen, wäre die AIDS-Epidemie nicht passiert, hätte unsere Kultur sie erfinden müssen, als ihre überzogene Abwehr gegen den Ausstrom von schwulem sexuellem Radikalismus. Tatsächlich würde die Kultur gleich nach *Cruising* genau so verfahren:

AIDS erfinden, die »Schwulenseuche«, Zurechtweisung seitens der Natur für unnatürliche Praktiken, Gottes Art und Weise, seinen Garten zu jäten, und so weiter und so fort. Die banale Paranoia des Films würde auf grässliche Weise real werden. Eines müssen wir den gegen den Film Protestierenden hoch anrechnen: Schon vor AIDS haben sie die Struktur der AIDS-Panik erkannt.

Cruising verdient jedoch eine bessere queere Analyse als die von ihnen angebotene. So, wie sie reden, hätte man denken können, diese »brutale Arena« (wie einer ihrer Flyer es beschrieb) wäre gänzlich Friedkins böser Fantasie entsprungen und nicht der wunderbare Garten der Lüste, der sie für so viele schwule Männer war, und noch viel weniger das folgenreiche gegenkulturelle Projekt, wie es von Foucault und von Guy Hocquenghem – »Unser Arschloch ist revolutionär!«, hatte der verkündet – beschrieben wurde. Und seien wir ehrlich: Hätte sich ein Martin Scorsese mit Mafiaeskorte jemals in einem Jockstrap ins Mineshaft hinabgewagt? Friedkins Neugier für radikale schwule Praxis ist ebenso offen wie kühn, und so sehr er auch bemüht sein mag, sich selbst und sein Publikum vor ihren Konsequenzen zu schützen, so strukturiert sie doch sichtbar – und unauslöschlich – seinen Film. Die unaufrichtige, sexphobische Öffentlichkeitsarbeit der Protestierenden ebnete den Weg zum bedauerlichen aktuellen Stand der Dinge, bei dem jegliche Mainstream-Repräsentation schwuler Männlichkeit nach der Erbaulichkeit von Nachmittagsfernsehprogrammen strebt und die einzigen Schwulen mit Rederecht auf der Meinungsseite der *New York Times* verheiratete Männer mit Kindern sind! Kein Zweifel, *Cruising* stellt dasselbe paranoide Postulat wie der klassische Thriller auf: Der Homosexuelle wird uns alle homosexuell machen. (Guy zu Bruno in *Strangers on a Train*: »Now you've got *me* acting guilty. / Jetzt haben Sie es geschafft, dass *ich* mich wie ein Verbrecher benehme.«) Doch der klassische Thriller musste die Paranoia auch durcharbeiten und stellte über den Tod des Homosexuellen die psychische Gesundheit des Protagonisten wieder her; am Ende war es genauso ein Hochzeitsplot wie Shakespeares *Wie es euch gefällt*. Doch mit seinem offensichtlichen Scheitern, dieses Ergebnis zu erzielen, zeigt *Cruising* stattdessen, dass die paranoide Abwehr gegen homosexuelles Begehren (auch wenn sie nie zuvor gewaltsamer vollzogen wurde als hier) nicht länger mit einem erfolgreichen Ausgang imaginiert werden kann. Die Unentschlossenheit ruiniert den Film – ruiniert ihn, genau genommen, als Kriminalfall. Verantwortlich für den Makel ist natürlich der Hintergrund, der sich weigert, an dem ihm zugewiesenen marginalen Ort zu bleiben. Nachdem wir diesen Hintergrund endlich zu sehen bekommen haben, kommen wir kaum um die Erkenntnis umhin, dass wir nun *alle* in ihn involviert sind, mit mehr als nur einem Auge.

Zur Universalität von BROKEBACK MOUNTAIN

I

Non voglio più servir.[1] Das Kulturprodukt von heute kommt folienverpackt auf den Markt, eingeschweißt in eine Kontroverse. Zu den Waffen, Bürger! Ein Kulturkampf wird ausgefochten! Und zugleich wird eine Commedia dell'arte aufgeführt, besetzt mit dem Liberalen, dem Christen, dem Feministen, dem Medienkritiker, die alle in vertraut-vorherbestimmten Masken wie denen von Pulcinella und Pantalone auf die Bühne der öffentlichen Meinung treten. Einige von uns sind gebeten worden, in der »Schlacht am *Brokeback Mountain*« in der Maske des Schwulen Mannes aufzutreten, dessen Rolle in dieser Komödie freilich genauso gründlich vorgefertigt ist wie die der anderen. Er soll den Part des natürlichen Verfechters des Films einnehmen, der sich von Haus aus so sehr mit ihm identifiziert, dass er wimmern und »Homophobie!« zetern muss, wenn dieser nicht den Oscar gewinnt. Er soll an die Selbsttäuschung der eifrigen Promoter des Films glauben, die

1 »Ich will nicht mehr dienen« – aus Mozarts *Don Giovanni* (A. d. Ü.).

behaupten, dieser sei »für« ihn gemacht, während er doch hauptsächlich »über« ihn ist und gänzlich ohne seinesgleichen gedreht wurde. Er soll dankbar dafür sein, im Jahr 2005 den Schaden vorgeführt zu bekommen, der durch den Closet, die gesellschaftlich verdrängte Homosexualität, angerichtet wird; er soll, mitten in einem Kampf gegen die hingenommene Fatalität seiner Daseinssituation, nichts als Bewunderung für einen nostalgisch-tragischen Blick auf diese empfinden. Und zu guter Letzt soll er, als wäre so viel Servilität gegenüber der herrschenden Kultur noch nicht genug, seine Reputation für guten Geschmack preisgeben und irrigerweise ein mittelmäßiges Hollywoodprodukt für ein großes Kunstwerk halten.

Darum lohnt es sich, von vornherein darauf zu insistieren, dass wir, anders als vom Programmheft verlautbart, nicht dazu *geboren* wurden, diesen Part zu spielen. In diesem künstlichen Krieg der Ideen müssen queere Intellektuelle Formen dessen entwickeln, was auf anderen Kampfplätzen Kriegsdienstverweigerung genannt wird. Es lässt sich einiges lernen von den Trotteln, die auf die Frage nach ihrer Meinung zu einem universell brennend wichtigen Thema »keine« antworten; oder von den Banausen, die zur Beendigung der Diskussion über einen weltweit bewunderten Film diesen für »langweilig« erklären. Tatsächlich könnte erotische Enttäuschung die einzige genuin homosexuelle Reaktion auf *Brokeback Mountain* sein – und somit die einzige authentische Basis für eine politische Kritik des Films. Denn in der Flut von Meinungen, die der sorgfältig konzipierte Film von Anfang an auslösen sollte, bleibt ein Standpunkt unerbeten und ungeäußert: der des Begehrens. Hier kommen genau aufs Stichwort der Christ herbei, um gegen die Sünde zu wettern, und die Liberale, um von Liebe zu trällern. Und auf der anderen Seite stehen vorhersehbare Tiraden der Frau über die vernachlässigten Gattinnen, vom Schwulen Mann über die noch immer bestehende Homophobie, von Filmkritikern über den Western oder Ang Lee als Autor. Doch ungeachtet der Szene zweier fickender Männer ist niemand vorgetreten, um irgendeine *sexuelle* Erregung im Film zu attestieren, weder im Zusammenhang mit den Schauspielern, noch mit ihren Körpern, noch mit dem, was sie in ihrer Darstellung angeblich miteinander tun. Heiß ist in *Brokeback Mountain* die *Idee* von Homosexualität, nicht der Sex, auch wenn dieser gekonnt bebildert wurde, ganz zu schweigen von Heath Ledgers Ähnlichkeit mit George Bush, die unverzeihlich strapaziert wurde, so dass sich wirklich niemand mehr von den Bildern angemacht fühlen konnte. Nicht seine Sexualität sollen wir beim Homosexuellen »akzeptieren«, sondern seine gequälten Versuche, sie zu bekämpfen – alles in allem rührender Beweis einer gewissen Ergebenheit an die Normalität.

Die Enterotisierung rührt vom gleichen Prinzip der Mainstream-Repräsentation her, die auf weniger subtile Weise zu unserer Belehrung neben anderem Aas gelegentlich auch ein paar schwule Leichname produziert. Selbst der Closet braucht den Anreiz des Spektakels, und sei es nur jenes der eigenen Unterwerfung unter die Norm. Im aufgeklärten Hollywood bleiben die Regeln der Schicklichkeit, die für dieses Spektakel gelten, die gleichen wie im finstersten Wyoming: Homosexuelles Begehren wird am vorteilhaftesten im Zustand des Nicht-mehr-lebendig-Seins gezeigt. Da verwundert es wenig, dass der Film bei aller Eindringlichkeit etwas »Gespenstisches« hat. Was vereitelte Liebe und Schwulen-Bashing durch den Plot offen aussprechen, lassen auch Nostalgie und Melancholie im Basso Continuo der allgemeinen Tonlage anklingen. So, wie es in der Handlung inszeniert wird, soll das Spektakel des Closet freilich seine Yuppie-Konsumenten zu Empörung anstacheln: Warum können diese Schwulen vom Lande nicht auch ihr *Sex in the City* haben? Doch so, wie es in der Erzählweise inszeniert wird, soll das homosexuelle Begehren einfach unsichtbar bleiben.

II

Handwerkskunst, hübsch und prüde. Sowohl durch seine Machart als auch durch sein Marketing lädt *Brokeback Mountain* zu der wohlfeilen Kontroverse ein, die in der amerikanischen Kultur ein homosexuelles

Thema noch immer zuverlässig generiert. Weit davon entfernt, sein Publikum, wie von manchen behauptet, in Mitgefühl oder Toleranz zusammenzubringen, hausiert der Film beflissen mit den Hauptsparten des amerikanischen Meinungsspektrums zu diesem »heißen Eisen« – in ihrer ganzen Zerrissenheit. Das Thema der Homosexualität ist so geschickt in Umlauf gebracht, dass annähernd alle widerstreitenden Positionen, Haltungen und Urteile, die es so aufregend – und gewinnträchtig – kontrovers machen, von ihm unter dem einen oder anderen Aspekt unterstützt werden. Dementsprechend ist männliche Homosexualität in *Brokeback Mountain* äußerst widersprüchlich. Sie kann unverantwortlich und pflichtbewusst, flüchtig und tief empfunden, schockierend und vollkommen natürlich sein, je nachdem, welche der Anschauungen gerade dafür zu haben ist. In einer Szene erscheint der Homosexuelle als erklärter Feind der Familie; doch in einer anderen erhebt er sich edel zu ihrer Verteidigung; natürlich hasst er Frauen – es sei denn, er wird gerade gezeigt, wie er sich liebevoll um sie kümmert; und obwohl der Film implizit sein Recht auf gesellschaftliche Anerkennung bekräftigt, verdammt er ihn doch unerbittlich dazu, mehr als nur den sozialen Tod zu erleiden. Das Programm bietet für jede und jeden etwas, um sich darüber das Maul zu zerreißen.

In all dem Blabla ist man sich allerdings über einen Punkt weithin einig: Dieser Film über verliebte Cowboys ist *gut gemacht*. Bei *Christianity Today* sind sie beinahe überwältigt; sie setzen sich über ihre vorhersehbaren inhaltlichen Vorbehalte hinweg und geben dem Film großzügige drei Sterne für »die Qualität von Filmregie, Schauspiel, Kamera etc.«[2] Die *New York Review of Books*, die dieser Filmthematik freundlicher gegenübersteht, pflichtet dennoch bei: Die Errungenschaft des Films bestehe darin, dass »seine ausgeprägt schwule Story sich zufällig als so gut erzählt erweist, dass eine jede zu Gefühlen fähige Person von ihr ergriffen werden kann«.[3] Und aus nahezu allen Ecken aus dem dazwischenliegenden Meinungsspektrum (das in dieser Hinsicht gar nicht allzu breit ist) hören wir von der außerordentlichen »Schönheit« des Films, seinem starken Sinn fürs »künstlerische Handwerk«. Als habe die Kunst von *Brokeback Mountain* durch Zauberei (oder das Wirken des Unbewussten) jeden Medienapparatschik, der üblicherweise damit beschäftigt ist, Plots zusammenzufassen und Starauftritte zu bewerten, in einen auf künstlerische Feinheiten erpichten Ästheten nach James'scher Manier verwandelt. Selbst brutaler Analverkehr regt allseits nur zu Bewunderung über die narrative und bildhafte »Meisterschaft« an, mit der dieses »rohe« Thema »höchst kunstvoll« komponiert wurde.

2 Anmerkung des Herausgebers zur Rezension von Lisa Ann Cockrel, www.christianitytoday.com, 16. Dezember 2005.
3 Daniel Mendelsohn, »An Affair to Remember«, *New York Review of Books*, 23. Februar 2006.

Einen Konsens hat der Film demnach durchaus nicht um die stets strittige Homosexualität aufgebaut (trotz aller guten Absichten, die er ihr gegenüber kundtut), sondern um seine eigene unübersehbare Handwerkskunst. Dieses Handwerkliche ist das wirklich Universelle, für das der Film allgemeine Anerkennung verlangt und erhält. (Es entbehrt nicht der Ironie, dass der Film trotzdem den Oscar für das erhielt, worauf er auch am eifrigsten abzielte: die Beste Regie.) In der kritischen Rezeption wie auch im Film selbst funktionieren das Thema der Homosexualität und die kunsthandwerkliche Praxis antithetisch: Ersteres bricht durch seine gewaltsame Polarisierung das soziale Gefüge so effektiv auf wie eine Zentrifuge, während letztere alles, was sie berührt – und alle, die von ihr berührt werden – im Spektakel feiner Kunstfertigkeit vereint. Es sind jedoch auch komplementäre Prinzipien, weil Respekt für die gute Form gerade jetzt, da die Ideologisierung der Kultur allumfassend geworden ist, die beste aller Umgangsformen bleibt. Ein solcher Respekt ist nicht nur ein Akt der Gnade gegenüber unserem besiegten Gegner, wie jene vor Regierungsgebäuden in Hawaii in großer Geste aufgestellten Statuen einstiger Könige. Es ist auch ein Akt der Großzügigkeit gegenüber uns selbst, da wir mittels dieser Geste alle etwas weniger tendenziös aussehen: der Christ weniger fanatisch, der New Yorker Intellektuelle weniger schrill, der Film selbst weniger botschaftsbeladen. In der »Schlacht am *Brokeback Mountain*« ist Handwerkskunst unsere Schweiz. Indem wir die Neutralität dieser Lande, zugleich politische Zuflucht und psychisches Sanatorium, anerkennen, beanspruchen wir für uns unsere ganze, geheilte Menschlichkeit – die Universalität »einer jeden zu Gefühlen fähigen Person« –, womit selbst in Zeiten des Krieges bestätigt wäre, dass diese Menschlichkeit uns niemals im Stich gelassen hat. Wir sind mehr und besser, als die oftmals garstigen Positionen, die wir im Gefecht einnehmen, vermuten lassen.

Doch worin besteht die Handwerkskunst hier genau? Oder vielmehr: Welcher besondere Aspekt all dessen, worin sie nach Meinung der Rezensentinnen und Rezensenten bestehen mochte, hat bewirkt, dass ihr so außergewöhnlich gehuldigt wurde? Die Antwort ist bei weitem nicht unmittelbar ersichtlich, denn das, was auf die steife Ehrerbietung an die Handwerkskunst folgt, ist für gewöhnlich nur eine vage Geste in Richtung »Filmregie, Kamera, Schauspiel etc.« (Um zum Beispiel die Qualität von Rodrigo Prietos Kameraarbeit näher zu würdigen, wird immer nur ein einziges Prädikat angeführt: »schön«.) Doch diese Einsilbigkeit übermittelt ihre eigene Botschaft, zumal eine, die gänzlich im Einklang steht mit den Intentionen und Praktiken von Handwerkskunst selbst als künstlerischer Ideologie. Denn die Ausübung von solchem Kunsthandwerk erfordert nicht nur ein hohes Maß an technischer Kompetenz; sie verlangt darüber hinaus, dass die Darbietung solcher Kompetenz – gleichsam wie mit einem Koeffizienten, der ihren Wert vervielfacht – mit einer Rhetorik der Diskretion einhergeht. Die goldene Regel der Handwerkskunst: über sich selbst Stillschweigen zu wahren – sich jedenfalls so still zu zeigen, wie es mit der eigenen Anerkennung *als* still kompatibel ist. Dementsprechend bietet sie ein Spektakel des So-gut-wie-Unsichtbaren: Der Autor scheint virtuell aus einer Welt verschwunden zu sein, die durch seine Abwesenheit nur umso solider real wirkt; und seine Techniken sind ebenso schwer zu durchschauen wie seine Absichten. (Darin ist die Handwerkskunst ein Widerpart des Stils, der, pompös und aufdringlich, stets auf etwas zu weisen scheint, in die eine Richtung auf ein narzisstisch verhätscheltes Ego, in die andere auf eine erkünstelte, unglaubliche Welt.)

Eher als irgendeine spezifische technische Leistung ist es diese Rhetorik der Diskretion, die in *Brokeback Mountain* gefeiert wird. Lee wird dafür gerühmt, »auf offene Politik zu verzichten«, seine Anliegen »leise«, »subtil«, mit »Feinsinn«, »Nuanciertheit«, »Geschmack« und selbst mit »heroischer Zurückhaltung« vorzubringen. Er sei bewundernswert »zurückgenommen in seiner Ausrichtung« und lege sein Augenmerk auf »die zwischen den Worten und in den Pausen artikulierten Gedanken und Emotionen«. Die Pointe dieser Litanei wird klar, wenn sich mitten in ihr, als Teil derselben Beifallsbekundung, als regelmäßiger Einwurf die folgende Beobachtung findet: »In dem Film gibt es nicht viel Sex.« Nicht unähnlich zu jener frühen Bewunderin von Gides *Der Immoralist*, die schrieb: »Wenn Michel sich selbst befreit hätte, würde er aufhören, mich zu interessieren«,[4] rühmen die Kritiker·innen Lee im Wesentlichen für die prüde Gehemmtheit, mit der er das Thema der Homosexualität behandelt. Handwerkskunst ist zu einer heimlichen Figur für den Closet selbst geworden: jener gut geschreinerte Wandschrank, in dem homosexuelles Begehren still und leise in heroischer Zurückhaltung lebt, statt eine unverhohlene Politik hervorzubringen; und in dem nichts alltäglicher ist als Worte und Gefühle zwischen den Zeilen, es sei denn, sie gälten den – für den Kunstsinn stets günstigen – Werten von Feinsinnigkeit, Geschmack und Nuance. Die diskrete Beziehung von Handwerkskunst zur Bedeutung im Allgemeinen wird hier genutzt, um im Besonderen die diskrete Beziehung des Closet zu einer Bedeutung, *jener einen Bedeutung*, zu sublimieren (sie zu verheimlichen und zu idealisieren). Kurz gesagt, die Handwerkskunst von *Brokeback Mountain* ist der Closet des Closet.

4 Zitiert in Michael Lucey, *Never Say I*, Durham (Duke University Press) 2006, S. 84 [bei der frühen Bewunderin Gides handelte es sich um Lucie Delarue-Mardrus; A. d. Ü.].

III

Er hat keine Ahnung. Freilich ist es nicht das homosexuelle Begehren von Ennis del Mar, das in diesen Wandschrank gesteckt wird. Nein, sein Begehren wird (in den taktvollen Grenzen der Handwerkskunst) für alle sichtbar ausgestellt. Tatsächlich sehen wir es weitaus besser – und eher früher – als Ennis selbst, ohne die Unwissenheit, Verwirrung und Verleugnung, die sein Bewusstsein darüber stört. »Sich selbst hielten sie für unsichtbar«, schreibt Annie Proulx in der im Vergleich zum gut gemachten Film sogar noch besser gemachten Buchvorlage über ihre schwulen Cowboys, »denn sie wussten nicht, dass Joe Aguirre sie zehn Minuten lang durch sein 10 × 42er Fernglas beobachtet hatte«[5] – und sie wissen auch nicht, dass sie von Proulx selbst, unter der Tarnkappe der Erzählerin, noch viel gründlicher gemustert werden. Tatsächlich scheint dieser kognitive Vorsprung gegenüber dem Homosexuellen im eigentlichen Zentrum ihrer Inspiration zu liegen. Hier ist ihr Bericht darüber, wie »Brokeback Mountain« Gestalt anzunehmen begann:

5 Annie Proulx, »Brokeback Mountain«, in: *Brokeback Mountain*, aus dem amerikanischen Englisch von Oskar Halbsattel, München (Diana Verlag) 2006, S. 305–348, hier: S. 315 [Ü. leicht angeglichen; A. d. Ü.].

Eines Abends war mir in einer Kneipe im Norden ein älterer Rancharbeiter aufgefallen, vielleicht Ende sechzig und offensichtlich nicht üppig mit weltlichen Gütern ausgestattet. Obwohl er sich für den Freitagabend feingemacht hatte, war seine Kleidung etwas abgerissen, die Stiefel fleckig und abgetragen. Ich hatte ihn schon in der Gegend gesehen, bei der Arbeit mit Kühen und Schafen, während ein Ranchmanager ihm Anweisungen gab. Er war dünn und hager, muskulös auf eine eher sehnige Art. Er lehnte hinten an der Wand, und sein Blick war nicht auf die Dutzenden hübschen und herausgeputzten Frauen im Raum geheftet, sondern auf die jungen Cowboys, die Billard spielten. Vielleicht verfolgte er das Spiel, vielleicht kannte er die Spieler, vielleicht war einer davon sein Sohn oder Neffe, aber es lag etwas in seinem Gesichtsausdruck, eine Art bitterer Sehnsucht, die mich überlegen ließ, ob er nicht ein hier auf dem Lande lebender Schwuler sein könnte. Dann begann ich mir auszumalen, wie es für ihn gewesen sein mochte – nicht für die wirkliche Person dort an der Wand, sondern für irgendeinen ungebildeten, verwirrten und sich seiner Gefühle nicht sicheren jungen Mann, der im homophoben ländlichen Wyoming aufwuchs. Einige Wochen später hörte ich zufällig die Hasstirade einer älteren Bistrobesitzerin mit an, die darüber erbost war, dass am Abend zuvor zwei »Homos« reingekommen waren und sich

> etwas zu essen bestellt hatten. Sie sagte, wenn ihre Stammgäste dagewesen wären (an dem Abend hatte ein Darts-Turnier stattgefunden), wäre der Besuch für die beiden übel ausgegangen. »Brokeback« war um die kleine, doch solide Idee herum gebaut, dass zwei hier auf dem Lande aufgewachsene Jungs, deren Ansichten und Selbsterkenntnis von ihrer Umgebung geformt wurden, sich in emotionalen Gefilden wiederfinden, die ihnen bald immer mehr über den Kopf wachsen. Ich wollte die Geschichte mit einer Art literarischem *Sostenuto* entwickeln.[6]

Würden wir in einem Roman auf diese Stelle stoßen, als Teil einer fiktionalen Rede in erster Person, würden wir augenblicklich verstehen, dass es in der Barszene nicht eine, sondern zwei Figuren gibt. Eine ist natürlich die *bezeichnete*. Es ist der Rancharbeiter, der unsere Aufmerksamkeit auf sich zieht, so wie sie geschickt etappenweise von seiner schäbig-eleganten Bekleidung zu seinem hageren, muskulösen Körper, weiter zu seinen auf die Billardspieler gehefteten Augen und schließlich – das *Heureka* der Figurenformung – hin zu jenem »etwas« in seinem Gesichtsausdruck gelenkt wird, »eine Art bitterer Sehnsucht«, die endgültig nahelegt, dass er

6 Annie Proulx, »Getting Movied« [hier in eigener Übersetzung; vgl. »Verfilmt werden«, aus dem amerikanischen Englisch von Melanie Walz, in: *Brokeback Mountain*, a. a. O., S. 349–365, hier: S. 350 f.; A. d. Ü.].

ein »auf dem Land lebender Schwuler« ist. Die andere Figur ist die *bezeichnende*, der wir dabei zusehen, wie sie ihn auf diese Weise schildert. Es ist die Frau, die ihn im Zuge ihrer Feststellung, dass der Mann nicht nach Frauen schaut, unter solch eingehende Beobachtung gestellt hat. Wenn sie als freierer Geist als er erscheint, dann deshalb, weil sie von den immobilisierenden Techniken ihrer eigenen Beobachtung verschont bleibt. Er ist die Figur, sie »bloß« die Erzählerin. Der gleiche Vorgang, in dem *sein* Körper, Alter, Beruf, sozialer Status und Begehren enthüllt werden, verwehrt ein entsprechendes Wissen über *sie*, einschließlich dem höchst relevanten Motiv für ihre plötzliche – und massive – psychische Besetzung seiner Person.

In einem Roman würden wir uns trotzdem fragen: Was brachte die Frau in diese Bar voller herausgeputzter Frauen und begehrenswerter junger Männer? Wie besetzt *sie* dieses Milieu? Letztlich scheint sie ja die sozialen Spiele dieses Ortes genauso wenig mitzuspielen wie der Rancharbeiter. Und warum starrt sie so unverwandt auf ihn? Er hat sie sicherlich nicht bemerkt. Was tut sie, wenn sie ihn beobachtet, was hat sie davon – von einer Beobachtung, die sie lediglich, wie mit einem Klavierpedal, in einem literarischem »Sostenuto« verlängern möchte? Was ihr Interesse strukturiert, ist, durchaus nicht so rätselhaft, ein Komplex des *Begehrens*, keines nach der dort an der Wand lehnenden »wirklichen Person« – von der es sich rasch losmachen wird für frischeres Fleisch –, sondern eines nach der höchst erregenden Möglichkeit männlicher Homosexualität, zu deren Verkörperung der Beobachtete herhalten muss, wofür die Autorin eifrig und mit einiger Gewalt sorgt, auf der dürftigen Grundlage von »etwas in seinem Gesichtsausdruck«. Das Wissende in ihrer Ermittlung ebenso wie das wenig Überraschende der daraus folgenden Enthüllung legen nahe, dass sie nur das gefunden hat, was sie bereits vorab gesucht hatte. »Mir war aufgefallen«: Diese Epistemologin des Closet war anscheinend dabei, nach einem Homosexuellen zu cruisen, lange bevor sie einen (buchstäblich »an der Wand«) gefunden hat.

Welche Fragen diese Passage über ihre Erzählerin für uns auch immer aufwirft – ohne den Rest des Romans können wir es nicht mit Sicherheit sagen –, so lässt sich doch die hier anzutreffende psychische Mischung aus Aggression, Paranoia und Identifikation kaum auf einen unschuldigen Reflex liberalen Wohlwollens reduzieren. Genau das ist allerdings die Absicht der künstlerischen »Idee«, wie sie später in dieser Passage dargelegt wird: die komplexe begehrende *Beziehung* der Frau zu männlicher Homosexualität durch die freistehende *Figur* des Homosexuellen zu ersetzen. Diese Figur kann dann zum einzigen Objekt unseres Interesses werden, welches, auf diese Weise *interesselos* geworden, im Gegenzug einen nobleren Namen tragen kann: Sympathie, Mitgefühl.

Und Mitgefühl wird er brauchen. Denn um den Homosexuellen hier zu kennzeichnen, wird sogleich damit begonnen, Fantasien zu entwerfen, wie ihm Leid zugefügt wird: »Ein Schwuler wird geschlagen«. Zunächst malt sich die Frau den Schaden aus, der ihm als Kind zugefügt worden sein mag, dann, durch die »Hasstirade« einer anderen Person, sieht sie die Gefahr vorher, in der er als Erwachsener schwebt, wenn das, was in Wirklichkeit *ihr* Wissen ist, in falsche Hände fällt (die der Bistrobesitzerin oder ihrer Freunde). Dank dieser Fantasie findet sie sich in einem stillschweigend inbegriffenen Dilemma wieder: Sie darf nicht sagen, was sie weiß, kann für ihr Wissen (oder sich selbst als dessen Hüterin) niemals Anerkennung bekommen. Dieses Dilemma wird dann in der ethisch ehrwürdigen Form einer Erzählung gelöst. Das ursprünglich durch die Frau und den Schwulen vom Lande gebildete Paar wird sich in *zwei* Schwule vom Lande verwandeln, die einander lieben, einander verletzen und den von anderen Leid zugefügt wird. In dem nun vollkommen in »Andersheit« versetzten Drama der Schwulen wird die Frau völlig verschwinden, und ihre eigene Verstrickung als diejenige, die das Drama erträumt, wird aus dem Bild ausgeblendet sein – oder vielmehr, wird nur als Teil der geheimnisvollen Faszination von *deren* Bild bleiben. In der gleichen, oben zitierten Erinnerung merkt Proulx an, dass mit Jack und Ennis etwas geschah, das sie als Schriftstellerin zuvor noch nie erlebt hatte – »sie begannen, verdammt real zu werden«. Und dabei kann die Autorin verdammt leicht vergessen, dass *sie die beiden erfunden hat*.

In der fertigen Erzählung ist das erzählende »Ich« aus der Erinnerung durch dieselbe anonyme, unpersönliche Narration mit all ihren objektivierenden, »realistischen« Techniken ersetzt worden, die bei Proulx' naturalistischen Vorgängern wegen nicht vorhandener schwuler Cowboys den Bauern, Arbeitern und kleinen Angestellten vorbehalten war. Es ist, mit einem Wort, durch Literatur ersetzt worden – einer Literatur, zu der des Lesens und Schreibens kaum mächtige Cowboys aus Wyoming (wie vor ihnen Maupassants normannische Bauern) sogar noch weniger Zugang haben als zu Selbsterkenntnis. Im sicheren Hafen dieser Narration, gewappnet mit deren Werkzeugen, kann Proulx über den Homosexuellen so oft sagen, wie es ihr gefällt: »Er hatte keine Ahnung.« Und er, objektiviert wie ihre Figur, ist weniger denn je in der Position, sie herauszufordern: »Was glotzt du so blöd?«

IV

Horseback mounting. Proulx' eigene Absetzbewegung aus der Beziehung formt das Protokoll liberaler Sympathie, das mit wechselnden Spezifizierungen von allen mit der Filmadaption befassten Männern und

Frauen befolgt wird. Dieses Protokoll verlangt es, dass sie zunächst den Homosexuellen in all seiner offensichtlichen libidinösen Differenz etablieren und dann irgendwo außerhalb dieser Differenz nach einer Grundlage suchen, um sich verständnisvoll zu ihm »ins Verhältnis zu setzen«. Nachdem sie den Homosexuellen zu einem Marsmenschen gemacht haben, dürfen sie sich selbst dafür auf die Schulter klopfen, in ihm einen Artgenossen gefunden zu haben – oder vielmehr, es versucht zu haben, da die Bemühung dann doch nie völlig überzeugend sein darf. Heath Ledger liefert mit einem Interview über seinen Zugang zur Rolle des Ennis ein hervorragendes Beispiel dafür: »Zuallererst musste ich mich hineinbegeben und entdecken, was die Ursache für sein Unvermögen war, sich auszudrücken und zu lieben. Was war schuld daran? Ich fand heraus, dass es eine Art von Kampf war, und kam zu der Schlussfolgerung, dass er gegen sich selbst und seine genetische Struktur ankämpfte.«[7] Ennis ist ein Mysterium; er verlangt nach nichts weniger als einer Expedition, es muss sich gleichsam in unerkundete Regionen »hineinbegeben« werden, um die obskure Ursache zu »entdecken«, deren Effekt er ist. Diese Ursache, die quasi-logisch zu einer »Schlussfolgerung«

7 »Interview: Heath Ledger on ›Brokeback Mountain‹«, geführt von Ethan Ames, Cinema Confidential, www.cinecon.com, 29. Dezember 2005. Das später folgende Zitat von Ledger ist ebenfalls aus diesem Interview.

erklärt wird, ist seine »genetische Struktur«, ein strategisches Synonym für Homosexualität, das sogar das Herz der Finsternis mit einem Cordon sanitaire umgibt. Nun ist es noch undenkbarer als je zuvor, dass Ledger den Versuch unternommen haben könnte, sich zur Unterstützung seiner Rolle auf Entdeckungstour in sein *eigenes* verdrängtes homosexuelles Begehren zu begeben. Doch sobald die Annahme seiner nur *äußerlichen* Verbindung zu Ennis getroffen ist, setzt die außergewöhnlichste Fantasie darüber ein, was sie verbindet:

> Am leichtesten [beim Spielen der Rolle] fiel es mir, ein Rancharbeiter, ein berittener Hütehelfer zu sein. Wenn es sein muss, kann ich rückwärts reiten. Mit Pferden fühle ich mich sehr wohl. Ich liebe Pferde, bin mit Farmarbeitern um mich herum aufgewachsen, und auch, wenn ich in Perth, Westaustralien geboren bin, gibt es doch etwas universell sehr Verbindendes bei allen, die Tag und Nacht zu Pferde sind. Einen universellen Wesenszug gibt es da. Sogar körperlich, wenn du Tag und Nacht im Sattel sitzt und dann von diesem Pferd absteigst, dann läufst du so, als hättest du immer noch das Pferd zwischen deinen Beinen.

Brokeback Mountain, Horseback Mounting: Es ist durchaus zu bezweifeln, dass Reiten der universelle

Wesenszug an diesem Film ist; eher universell ist die Heiterkeit, die durch eine solche Behauptung ausgelöst wird. Doch in gewisser Hinsicht hat Ledger nicht unrecht, wenn auch ohne sich dessen bewusst zu sein. Kein Western hat je so viele Pferdeärsche in Szene gesetzt wie *Brokeback Mountain*, und nie zeigte ein Western so viel männliches Verhalten, das danach bettelte, mit dem Umhertollen junger Pferde verglichen zu werden. Wie lange, fragt Jack Ennis auf einem Angelausflug, müssen sie sich weiter so treffen? »Solange wir uns im Sattel halten«, lautet die Antwort. Eine schärfere Trense lässt sich kaum vorstellen ... Wenn der Rekurs der Kritiker auf die Handwerkskunst der Code für den Closet war, dann ist das allgegenwärtige Aufsitzen, Absitzen, Reiten eine unwissentlich lüsterne Metapher für das darin liegende Begehren.

Ledgers Naivität gegenüber diesem Begehren (»Obwohl ich nicht wie Ennis in seiner ›genetischen Struktur‹ bin, *bin* ich wie er, wenn ich rückwärts reite oder mit einem Pferd zwischen meinen Beinen herumlaufe«) könnte die merkwürdige Abstraktheit seiner Darstellung erklären. Freilich ist er genau für das Gegenteil gerühmt worden, dafür nämlich, Ennis' verdrängtes Unbewusstes in einer schieren Überfülle von Psychosomatismen zu konkretisieren. Wenn wir die Verdrängung nicht in den gespitzten Lippen des Schauspielers lesen, dann lesen wir sie in seinem ausweichenden Blick; und sollten wir sie da übersehen, dann sind seine gebückte Körperhaltung oder seine nuschelnde Sprechweise zur Stelle, um sie ausführlich darzulegen. Überladen mit Zeichenhaftigkeit, wächst diese Verdrängung zu etwas Generischem; sie verliert ihre Besonderheit eines unbewussten Wunsches, *jenes* unbewussten Wunsches. Im hektischen Wettbewerb der Symptome kann kein einziges von ihnen unsere Imagination ernsthaft dazu verleiten, unter die Gürtellinie zu rutschen. Irgendein jugendfreies Trauma mochte ausgereicht haben, um für die Verdrängung dieses Ennis verantwortlich zu sein, der eigentlich bloß extrem verklemmt ist. (Hier harmoniert die Darstellung bestens mit Lees Autorenkonzeption, die eine ähnliche Breitband-Verdrängung gleichermaßen auf Jane Austens Heldinnen, auf Comic-Helden, auf taiwanesische Familien, auf WASPs aus Connecticut und auf schwule Cowboys projiziert.)

Während es natürlich ein klassischer Mechanismus homosexueller Verdrängung ist, diese selbst auf solche Weise zu verschieben und zu verallgemeinern – man denke daran, wie viele Ungeoutete einen asexuellen Eindruck hinterlassen –, so ist doch Ledgers schauspielerische Darstellung von diesem Mechanismus beherrscht, wobei sie sich dem Mechanismus eher unterwirft, als dass sie diesen offenlegt. Die überproduzierten Zeichen des »Zusammengekniffenen« weisen uns eher auf die bemerkenswerte Handwerkskunst des Schauspielers als auf den nervösen Hintern seiner

Figur. Wenn wir diese Handwerkskunst bewundern, verstärken wir Ledgers Distanz von Ennis, der selbst genauso wenig Befähigung zum Schauspiel hat, wie er in einem früheren Leben über Proulx' Gewandtheit im *style indirect libre* verfügte. Die schauspielerische Darstellung der Verdrängung setzt das Werk der Verdrängung fort. Wie gründlich sich Ledger in diese Verdrängung stürzte, wird von der Tatsache nahegelegt, dass er an demselben Filmset, an dem er spielte, sich in Jake Gyllenhaal zu verlieben, in Wirklichkeit für Michelle Williams entflammte und somit Ennis' Schwenk von Alma zu Jack mit peinlich genauer Präzision wieder umkehrte.

V

Crash. Um klipp und klar zu sagen, was am liberalen Versuch, sich zum Homosexuellen »ins Verhältnis zu setzen«, falsch ist: Er verleugnet eine Beziehung zu ihm, *die bereits besteht*. Es handelt sich um die libidinöse, fantasmatische Beziehung zum homosexuellen Begehren, dem sich niemand in der westlichen Kultur entziehen kann, weder in engerem Sinne in psychischer noch in weiterem Sinne in kultureller Form. Darum wird die liberale Sympathie in den Augen ihrer homosexuellen Objekte immer zu kurz greifen, denn sie achtet darauf, niemals so progressiv zu sein, dass sie bis zur primären psychischen Beziehung zurückgeht, von der sie sich gern losgelöst hätte. Ledgers Bemerkungen zur Universalität des Reitens sind diesbezüglich ein besonders absurdes Beispiel, doch nicht weniger grotesk dürfte es sein, mit manchen der Koproduzenten des Films zu mutmaßen, dass es Ang Lee nur gelang, zu verstehen, was seine Protagonisten mit ihrer verdrängten schwulen Liebe durchmachten, indem er sich tief in seine konfuzianistische Erziehung zurückversetzte oder sich stark auf seine noch unabgeschlossene Trauer um seinen verstorbenen Vater bezog.

Es kann immer nur falsch sein, homosexuelles Begehren als das Charakteristikum, das Problem, die Tragödie von *jemand anderem* zu betrachten. Es kann immer nur falsch sein, selbst wenn es eben das offenkundig *ist*. Und zwar deshalb, weil es niemals *nur* das ist. In jedem Individuum und in jedem Kollektiv ist homosexuelles Begehren eine greifbar innere Angelegenheit; es bedarf gar keiner Initiationen durch Kumpane, öfter schlüpft das Begehren durch seine institutionalisierte Verdrängung hindurch.[8] Zudem

8 Nachahmungstat? An der University of Vermont ließ die Studentenverbindung Phi Gamma Delta »ihre neuaufgenommenen *pledges* Cowboykostüme tragen, um sie daraufhin mit schwulenfeindlichen, auf den jüngst herausgekommenen Film *Brokeback Mountain* bezogenen Beleidigungen zu überschütten« (*Chronicle of Higher Education*, News Blog, 10. Mai 2006). Ein anderes, schwereres Verbrechen, auf das hier hinzuweisen

schließt das, was der Homosexuelle als Homosexualität repräsentiert, etwas neben der Homosexualität mit ein. Wenn der Homosexuelle Sexualität in ihrer aufregendsten Form darstellt (welcher Mann kennt nicht das, was Guy Hocquenghem die »spontane Sexualisierung aller Beziehungen zu einem Homosexuellen« nannte?), stellt

lohnt, ist der kürzliche Tod zweier Männer in Columbus, Ohio. Ich zitiere Anfang und Ende der Berichterstattung von Theodore Decker im *Columbus Dispatch* vom 12. Januar 2006:

> **Mord mit nachfolgendem Suizid von Kindheitsfreunden erschüttert Angehörige**
> Sie waren Freunde aus Kindheitstagen in Utah, ritten als Teenager gemeinsam Rodeos und blieben als Erwachsene in Kontakt. Nun versuchen in Columbus Polizei und Angehörige herauszubekommen, wie eine so enge Beziehung in einem erweiterten Suizid enden konnte …
> »Ich weiß, dass diese beiden Männer beste Freunde waren«, sagte Michael Stone. »Sie waren während ihrer gesamten High-School-Zeit miteinander befreundet. Sie ritten zusammen Rodeos. Mir ist von keinem der beiden Gentlemen irgendetwas bekannt, was bei ihnen zu einer Auseinandersetzung führen könnte oder dazu, dass einer den anderen erschießt … Es ist einfach so schockierend, dass einem fast die Worte fehlen, weil die beiden doch so gute Freunde waren … Hoffentlich werden wir eines Tages in der Lage sein, genau zu verstehen, was geschehen ist.«

Der Artikel mag auf *Brokeback Mountain* anspielen oder nicht; und die Entgeisterung, die er zwanghaft betont, mag unaufrichtig oder eher einfallslos sein. Wir können diese Uneindeutigkeiten, die typisch für den Closet sind, ebenso wenig auflösen wie leugnen.

er sie auch, nicht ohne Zusammenhang dazu, in ihrer flüchtigsten Form dar. Ob wir nun den sonst ganz annehmbaren Junggesellen oder den abstoßenden Anus seines Begehrens im Sinn haben – der Homosexuelle ist nicht nur selbst eine große Vergeudung, sondern auch der Agent eines noch größeren Vergeudens. Und was er der Vergeudung anheimstellt, ist nichts weniger als der gesellschaftliche Nutzwert der Sexualität: ihre mal mehr, mal weniger produktive Unterwerfung unter das Joch der Ehe und die Last des Kindes. Deshalb ist er so furchtbar erregend, und deshalb besteht das von ihm repräsentierte Schicksal regelmäßig darin, für uns zu sterben. So wie in einer Automobilkultur das Spektakel demolierter Autos gleichermaßen Jubel und Schrecken hervorruft, so ist unter dem Imperium von Paar und Kind das Spektakel einer verantwortungslosen Lust – einer entsozialisierten Sexualität – ebenso aufregend wie bedrohlich. Was an diesem Spektakel verschlungen und verdammt wird, ist nicht nur ein verführerisch homosexuelles Begehren, sondern auch das verführerisch entsozialisierende Insistieren des sexuellen Triebes selbst, welche besondere Verkörperung er auch immer annehmen mag.[9]

9 Um dieses Spektakel zu verstehen und nicht einfach nur homophob zu konsumieren, könnte man zweierlei Quellen konsultieren. Erstere ist die große psychoanalytisch geprägte Tradition der Queer-Theorie, von Guy Hocquenghem (*Le Désir homosexuel*, 1972 [dt. Neuübers. *Das homosexuelle Begehren*, 2019]) über Leo Bersani

Hier liegt der Widerspruch, unter dessen Diktum *Brokeback Mountain* sich »zufällig« als handwerklich gut gemacht erweist. Einerseits ist Homosexualität nur interessant (vermarktbar), wenn sie der Anlass ist, um eine Fantasie des Homosexuellen als aufregend und grundlos antisozial wieder aufzuwärmen, als *bête noire*, die sterben muss. Andererseits ist diese Fantasie weder kompatibel mit der liberalen Politik gegenüber der Homosexualität, noch ist sie von dieser Politik, so wie wir sie kennen und wie sie auch von *Brokeback Mountain* unterstützt würde, tolerierbar. Deshalb muss uns der Film gemeinsam mit dieser Fantasie ein »progressives« Alibi liefern, um ihr frönen zu können; selbst wenn er aus der Fantasie Vorteil schlägt, muss er sie

(*Homos*, 1995) bis Lee Edelman (*No Future*, 2004). Die andere ist jene Filmtradition, die man »Homokino« nennen könnte, eine Kollektion, zu deren Hauptwerken Genets *Un chant d'amour* (1950), Fellinis *La dolce vita* (1960), Pasolinis *Teorema* (1968) und *Salò* (1975), Fassbinders *Querelle* (1982), Oshimas *Gohatto* (1999) und zuletzt Almodóvars *La mala educación* (2004) zählen. Das Hollywoodkino kennt nur zwei Optionen: Entweder macht es homosexuelles Begehren in einem Closet zum allgemeinen Gebrauch unsichtbar, oder es macht den Homosexuellen als einen minorisierten »Problemfall« übersichtbar. Was im Homokino nicht in den Closet kommt, ist der Nexus von Begehren, Lust und Fantasie, den die normale Kultur um den Homosexuellen herum entwickelt. Im offenen Zirkulieren dieser Elemente – in deren Emigration weg von der Person und der Kategorie des Homosexuellen – findet das Homokino ein radikales Potenzial, um die gesellschaftliche und symbolische Ordnung zu sprengen.

zu etwas zähmen, was dem Anschein nach die Bildung verheirateter schwuler Paare mit Kindern autorisiert. Die Domestizierung folgt zwei Strategien. Die erste zielt darauf ab, die sexuelle Erregung zu reduzieren, während die zweite sich damit befasst, den Abfall der sexuellen Vergeudung zu recyceln. Im Einklang mit der ersten Strategie kultiviert der Film rings um die männliche Physis eine quasi-klinische Lustlosigkeit und zögert das, was wir zweideutigerweise *Action* nennen müssen, so ablenkend wie möglich hinaus. In Übereinstimmung mit der zweiten achtet der Film darauf, sicherzustellen, dass der schwule Sex, selbst von seinem beiläufigen Anfang an, auf etwas *hindeutet* – soll heißen, auf die gesellschaftlich erlösenden Werte von »Liebe« und »Beziehung«, die allein schwulem Sex Bedeutung geben können. Prietos schöne Landschaften leisten doppelten Dienst: ihre konfektionsmäßige Unbeschreiblichkeit hält den Plot in der Schwebe und lässt dessen offensichtliche Funktionen als etwas Naturgewachsenes erscheinen. Zum Beispiel gesellt sich Ennis nicht eher zu Jack ins Zelt, als das Momentum ihres erotischen Abenteuers von einem riesigen Vollmond unterbrochen wird, der zufällig gerade durch einen wolkigen Horizont gleitet. Und durch den Einsatz jener *Ökonomie*, die eines der großen Wunder der Handwerkskunst ist, schiebt derselbe *mondscheinbesoffene* Mond, der die Handlung aufhält, einen klassischen Signifikanten für Romantik vor sich her.

Selbstverständlich, wie es sich für gute naturalistische Protagonisten gehört, sehen die beiden geilen Cowboys den Mond nicht einmal, geschweige denn, dass sie seine Bedeutung verstünden oder die antinarrative Kunstfertigkeit seines Erscheinens zu schätzen wüssten; nur wir tun das, aus unserer obsessiv kenntlich gemachten Position derer, die mehr sehen als sie. Ich habe bereits angemerkt, wie die naturalistischen Techniken von Proulx' Erzählung ihre am Ursprung stehende Annahme, dass *der Homosexuelle nicht sieht* – nicht sich selbst und nicht uns, die wir ihn beobachten – ausweiten. Wenn, wie Proulx selbst zugesteht, die filmische Adaption sich als »kraftvoller« erweist als ihre Erzählung, liegt das daran, weil Kino – mit seiner eingebauten voyeuristischen Trennung zwischen Zuschauern und Schauspiel – diese Annahme zu virtueller Realität machen kann.

Mondscheinbetörter Mond

VI

»What the fuck are you looking at – Was glotzt du so blöd?« Das sind Ennis' Worte im Film; sie werden zu einem Mann gesagt, der zufällig an der Gasse vorbeikommt, in der sich Ennis kurz nach der Trennung von Jack heftig erbricht. Seine Frage tut ihre Wirkung, verscheucht den Mann trotz dessen Neugier oder Besorgtheit. Wie sollte es auch anders sein? Ennis hat auf ein traditionsreiches Schlagwort der Schwulenhetze zurückgegriffen, auf das hin jedermann genug weiß, um seine Blicke woandershin zu wenden. Doch diese Wirksamkeit hat offensichtlich ihre Grenzen; *unser* Blick auf Ennis – der sich vor uns die Eingeweide aus dem Leib kotzt und gewissermaßen verrätselt sein Herz ausschüttet – starrt weiter, unberührt von allem, außer unserer nun erhöhten Wertschätzung für das Privileg des Zuschauers: zu sehen, ohne gesehen zu werden. Und diese Episode buchstabiert für uns aus, was ein solches Privileg in diesem Film insbesondere nach sich zieht: namentlich, dass *wir*, selbst wenn andere von der Inspektion des schwulen tiefsten Inneren ausgesperrt werden, *weiter zuschauen dürfen*. Dass es in dieser Episode keinen »Sex« gibt, erlaubt uns nur, guten Gewissens den Sadismus unserer Geilheit zu sentimentalisieren. Ennis mag im Notzelt Jack bestiegen haben; doch hier, allein mit uns, kauernd und ächzend, ist anscheinend er es, der königlich gefickt wird: mit gebrochenem Kreuz unter der Last seiner eigenen Homosexualität und unsanft von der Supermacht penetriert, der wir uns erfreuen, während wir ihm dabei zusehen, wie er sich windet. *»What the fuck are you looking at?«* – Wir nehmen Ennis beinahe beim Wort und ficken ihn mit unseren Blicken; und besser noch, wir brauchen nie damit zu rechnen, mit seiner Frage konfrontiert zu werden.

Wie der Homosexuelle in der klassischen Psychoanalyse ist Ennis paranoid: »Hast du nie das Gefühl – ich weiß nicht ... wenn du in der Stadt bist, und dich jemand anguckt ... argwöhnisch, als ob er *Bescheid weiß* ... und dann gehst du raus, und jeder guckt dich an, als ob sie auch alle Bescheid wissen?« Diese Paranoia hat bereits ihr Symptom hervorgebracht in der Szene, in der Ennis mitten im Gespräch mit Jack plötzlich mit dem Blick zum Horizont abschweift und irgendetwas spürt; Jack folgt instinktiv seinem ängstlichen Blick, ebenso wie die Kamera. Doch alles, was wir sehen, ist ein vorbeifahrender Pick-up Truck und ein zufällig über ihm herfliegender Habicht. Der Fahrer schaut geradeaus auf die Straße vor sich, und der Habicht ist ein Stück Lokalkolorit, kein Gesandter aus *Die Vögel*. Anders gesagt, alles, was wir sehen, ist die leere Grundstruktur von Ennis' paranoidem Sehen. Doch wenn wir nur den kleinsten Schritt Abstand vom »Bequemlichkeitskino« Hollywoods nehmen, könnten wir hierin auch den Druck erkennen, den unser eigenes

Sehen ausübt. Ennis *wird* immer von Habichtsaugen beobachtet – wenn nicht von Jack oder von Joe Aguirre oder von Alma, dann, in viel kontinuierlicherer Überwachung als der von allen Genannten zusammen, von uns Zuschauerinnen und Zuschauern. Obwohl *Brokeback Mountain* sonst keine Ambitionen auf die Kinoavantgarde zu hegen scheint, gibt es etwas in Ledgers ständiger »Hab-acht«-Performance, das beinahe eine jener postmodernen Verschiebungen der narrativen Ebene suggeriert, bei der sich eine Figur so verhält, *als wüsste sie, dass sie Figur in einem Film ist und wir zusehen*. Letztlich erlaubt uns nur die fiktive Überwachung, die unserer eigenen Beobachterposition inhärent ist, die »Paranoia« in Ennis' Glauben an jene fiktive Überwachung zu diagnostizieren, die in seiner Imagination alles über ihn weiß. *Wir* sind seine Paranoia; gerade unser Starren – selbst wenn es ihm vorenthalten bleibt – verfügt über den Beweis, dass er ist, was zu sein er niemals sicher sein kann: bei Sinnen.

Das Privileg des Zuschauers an sich garantiert aber noch nicht jene Distanz, die jede und jeder beim Betrachten des Homosexuellen unbedingt für sich in Anspruch nehmen will. Wo es um den Homosexuellen geht, fühlt es sich oft so an, als ließe sich diese Distanz gerade auf der visuellen Ebene am wenigsten aufrechterhalten. Medusa soll jede Person, die sie ansah, in Stein verwandelt haben; vermeintlich versteinert der Homosexuelle seine Betrachter·innen anders, doch nicht minder. Sein bloßer Anblick droht, Männer mit der ihm eigenen Art von Begehren hart werden und Frauen mit der Frigidität der ihm eigenen Gleichgültigkeit ihnen gegenüber vergletschern zu lassen. Und selbst, wenn die auf diese Weise erregten Männer wütend werden oder sich die auf diese Weise verschmähten Frauen zwanghaft für ihn »erwärmen«, sind das keine nüchternen Seelenzustände. Es ist so, als ob der Blickkontakt zum Schwulen das sexuelle Äquivalent von Passivrauch von ihm absorbieren würde und damit selbst bei Abstinenten bewirkt, dass diese schlecht riechen und ihnen übel wird, dass es ihnen kribbelt und sie sich angetörnt fühlen, alles auf einmal. Doch *Brokeback Mountain* hat hier gar keine Wahl: Die Story selbst involviert uns (um den altersgrauen Tropus der Pornographie zu bemühen) in die gefährlich angenehme Beschäftigung des *notgedrungenen* Queer-Watching. Wie weckt der Film unser Interesse an dieser Geschichte und lässt uns zugleich das Interesse wieder verlieren? Oder anders gesagt, was genau hat seine gefeierte Handwerkskunst zu erledigen?

Ich biete hier drei miteinander verbundene Einstellungen als Schlüssel zu dem an, was uns der Film in dieser Hinsicht zu erzählen hat. Die erste Einstellung zeigt Ennis, gesehen von Jack im Außenspiegel seines Trucks; sie beschließt das Blickeballett von Annäherung und Meidung, Hin- und Weggucken, das die beiden Männer aufführen, während sie draußen vor

Aguirres Wohnwagenbüro warten. Die zweite Einstellung zeigt Joe Aguirre mit einem Fernglas in der Hand; er hat ausgespäht, was wir gerade selbst mit weniger Mühe beobachtet haben: eine Szene mit Jack und Ennis, die halbnackt um ihren Zeltplatz umhertollen. Und die dritte Einstellung zeigt Alma, die durch das Fenster einer Glastür schaut und einen stürmischen Kuss zwischen Jack und Ennis sieht, der von der vorherigen Einstellung noch weiterläuft. In allen drei Einstellungen wird der Homosexuelle – unzweideutig »als solcher« – gezeigt, wie er von einer anderen Figur durch Glas gesehen wird. Die »Verglasung« spezifiziert die Einstellungen jeweils und verbindet sie zugleich miteinander in einer Serie.[10]

Technisch gesprochen tun diese drei verglasten Bilder alle dasselbe: Sie übersetzen die vorhergehende, uns »objektiv« gegebene Einstellung oder Bildsequenz in eine »subjektive« Perspektive. Und (nichts Zurückhaltendes an der Handwerkskunst hier) sie tun das mit unverhohlener Virtuosität. Weniger technisch gesprochen stellen wir auch fest, dass die allwissende Narration immer denselben Inhalt hat: ein Spektakel erotischen Spiels zwischen Jack und Ennis. Die subjektiven Einstellungen schieben sich vor dieses Spektakel wie Zwischentitel in einem Stummfilm. Sie lassen nicht

10 Um die Kohärenz der Serie zu betonen, wird jeder Einstellung in ihr ein Echo gegeben: Jack, Aguirre, Alma greifen alle ein zweites Mal auf Spiegel, Fernglas, Glasfenster zurück.

nur den Vorhang über dem Spektakel fallen, sondern geben ihm eine Bedeutung, die nicht unwesentlich zu seiner Zensur beiträgt.[11] Mit der Bewegung vom objektiven zum subjektiven Sehen wechseln wir von einem homoerotischen Spektakel zu einer »Ansicht« darauf oder einem »Take« von ihm, einer starken, emotional voreingenommenen *Position*, die wirkungsvoll visuelle Homoerotik durch narrative Betitelung ersetzt. Die erste Einstellung trägt deutlich den Titel »Jack ist verliebt« und lanciert den Plot der schwulen Liebe.

11 Obwohl Almas Beobachtung den Kuss von Ennis und Jack nicht buchstäblich beendet, lässt sie den Eros aus seiner Fortsetzung gründlich versiegen. Wir mögen uns nicht länger an dem Kuss erfreuen, müssen auf Gefühle eingehen, die der Lust ziemlich zuwiderlaufen. Der Film praktiziert beständig diese »Aversionstherapie«, umstellt seine homoerotischen Szenen auf der einen oder anderen Seite mit Bildern, die sie mit Kälte überziehen. Das grauenvollste Beispiel dafür tritt auf, wenn Ennis, als er nach seiner ersten Nacht mit Jack zur Herde zurückkommt, den ausgeweideten Kadaver eines Schafes findet. Eine erste Einstellung präsentiert uns Ennis und das tote Schaf zusammen. Eine zweite Einstellung zeigt uns ein Close-Up des schauenden Ennis, eine dritte den verstümmelten Schafskadaver. Eine vierte Einstellung gibt sich den Anschein, diese Schuss-/Gegenschuss-Darstellung zu replizieren. Wir sehen Ennis wegschauen, wieder hinschauen, aber dann bekommen wir – wo die Gegeneinstellung des toten Schafes sein sollte – eine in keiner Weise Ennis' Blicklinie fortführende Einstellung des nackten Jack geboten, der gerade seine Sachen im Fluss wäscht. Seine frische Nacktheit ist bereits »verdorben« worden, assimiliert zu dem Aas, das er dereinst werden wird.

Nicht weniger lesbar, stößt die zweite Einstellung – »Aguirre ist zornig« – den homophoben Gegenplot an. Und mit der dritten Einstellung, die ihren Titel »Alma ist niedergeschmettert« beinahe herausschreit, ist der Masterplot der Zerstörung der Familie und ihrer endgültigen Wiederherstellung geboren.

In dieser Folge von Ansichten bewirkt der Film, dass das, was wie aus einer Lösung ausgefällt wird, weniger drei konkrete Charaktere als drei symbolische Figuren, drei Essenzen sind, die das Drama, wie eine gute Seifenoper, in zahlreichen Permutationen gegeneinanderstellen wird. Zuerst der Homosexuelle (Jack, Ennis, Earl und Rich, die mexikanischen Stricher, Randall), der anerkennt, dass das homoerotische Spektakel ihn antörnt; dann der Homophobe (Aguirre, der Clown, Earls Mörder, Lureens Vater, Jacks Mörder, Jacks Vater), dessen Lust an diesem Schauspiel die Form eines wütenden Verlangens nach dessen Vernichtung annimmt; und schließlich die Frau (Alma, Lureen, Cassie, Jen und Alma Jr., Jacks Mutter), die die »Werte der Familie« repräsentiert, die vom Spektakel ausgeschlossen würden, würde kein Weg gefunden werden – große liberale »Hoffnung« –, selbiges zu domestizieren. X liebt die Sache durch seinen narzisstischen Spiegel; Y hasst die Sache, die sein Fernglas auf Abstand halten soll; Z, durch die grausame Nur-schauen-nicht-anfassen-Transparenz des Glasfensters hindurch, fühlt sich von der Sache ausgeschlossen. So greift die dramatische

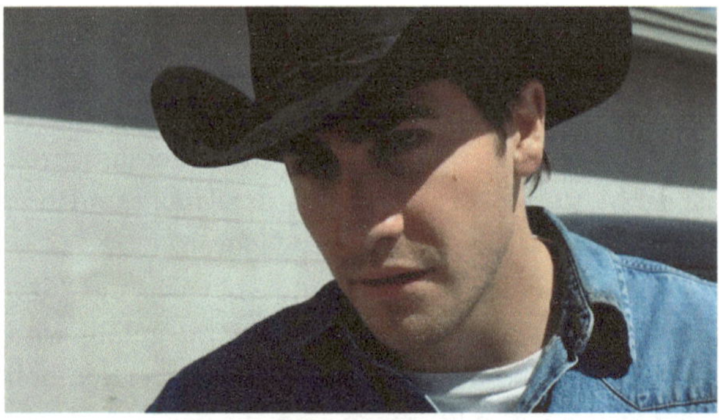

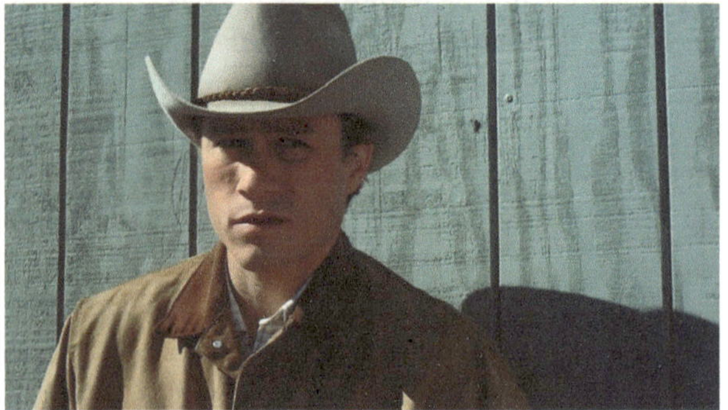

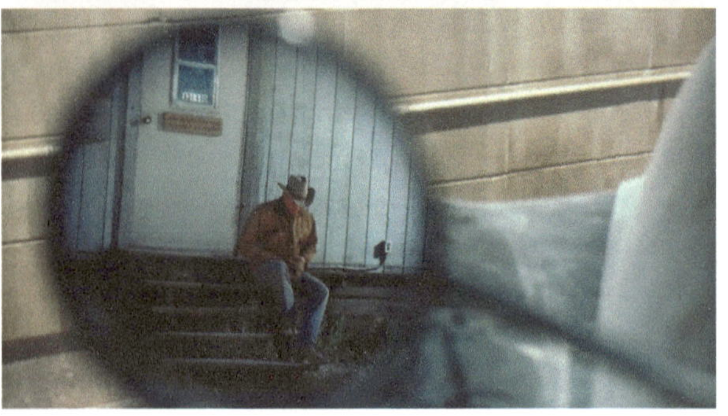

84 Jack beobachtet

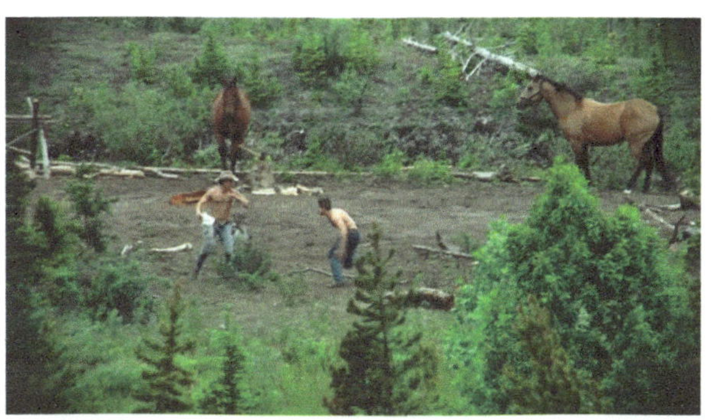

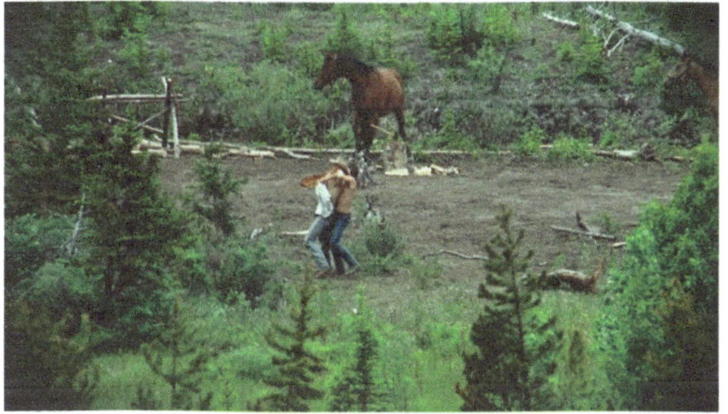

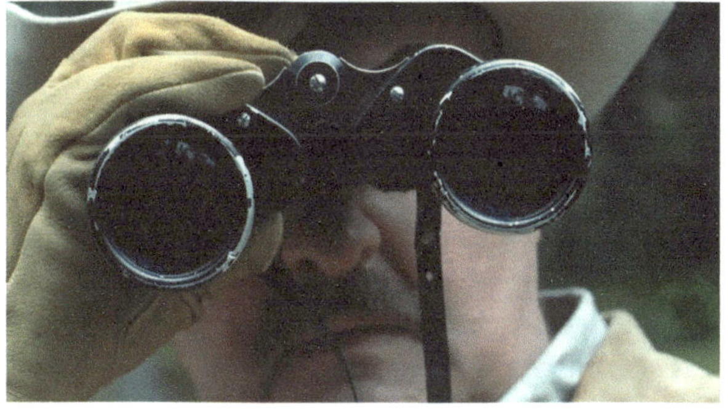

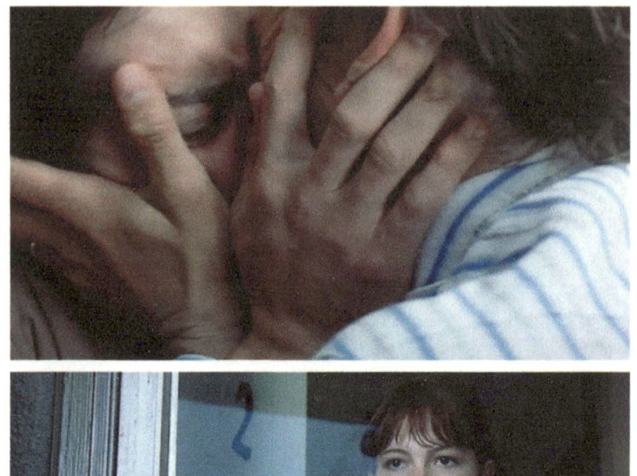

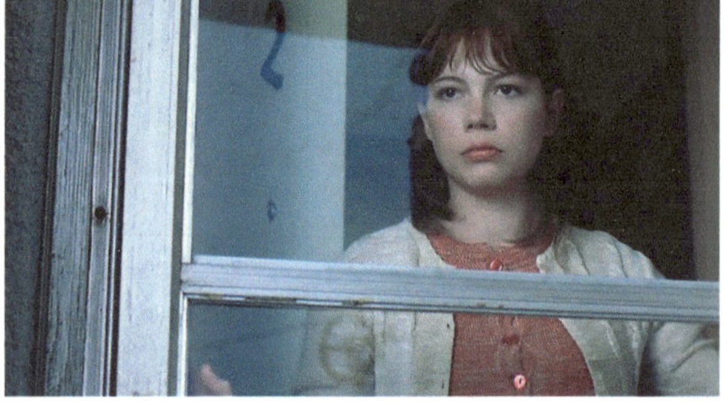

Alma beobachtet

Dreiecksstruktur des Films bereits, sogar auf sehr hofierende Weise, dem vor, was ich die Commedia dell'arte seiner Rezeption genannt habe.

Doch wichtiger noch: Diese Einstellungen wirken dabei mit, den Zuschauer von dem eigentlichen Dreieck, das sie konstruieren, in eine Distanz zu rücken – uns in Schlüsselmomenten der narrativen Erwartung in eine Komfortzone *außerhalb* des Narrativen zu setzen. Denn mit so viel »Theater« erzählt zu werden, dass eine Einstellung die Perspektive einer individuellen Figur repräsentiert, heißt auch, mit einer solchen Emphase erzählt zu werden, dass sie *nicht* unsere eigene Perspektive repräsentiert. Diese Einstellungen bestätigen nochmals durch vorexerzierte Antithese unsere schon vorab bestehende Übereinstimmung mit der perspektivisch niemandem zuzuordnenden Allwissenheit. Weil die Gesichtspunkte der Figuren offenkundig parteiisch und auf besondere soziale, psychische oder narrative Koordinaten beschränkt sind, wird unser eigenes Sehen im Kontrast dazu als »universal« definiert. Die Beobachtenden *in* diesen Einstellungen wissen zwar mehr als die von ihnen Beobachteten, aber wir als Zuschauende wissen bei diesen Einstellungen mehr als die Beobachtenden, und niemand beobachtet uns, niemand wird uns je beobachten können. Eben weil ihre einseitigen Ansichten (in bester Hegelscher Manier) zusammenwirken, um die Tragödie hervorzubringen, werden die Beobachtenden daran gehindert, sie ganz zu verstehen. Dahingegen erliegt die objektive Narration, mit der wir so demonstrativ identifiziert werden, niemals der Partikularität von Jacks Heißhunger, Aguirres Hass, Almas heillosem Schmerz oder irgendeiner ähnlichen Selbstdeformation. Wenn sie diese Figurenperspektiven kurz *zitiert*, dann deshalb, um sie von ihrer eigenen, immer wieder einnehmbaren (weil tatsächlich niemals aufgegebenen), über den Dingen stehenden Position aus zu negieren.

Mit folgender Konsequenz: Immer, wenn der Homosexuelle als solcher gesehen wird, *sehen nicht wir ihn*. Oder anders ausgedrückt, wir sehen ihn nicht *so* – mit dem umherschweifenden Sondieren des Homosexuellen, dem mörderischen Starren des Homophoben, dem verletzten Blick der Frau. Im Gegenteil, der Film fordert uns implizit auf, jeder dieser Ansichten wie folgt zu widersprechen: »*Eigentlich* bedeutet es gar nicht das, was die beobachtende Figur denkt!« *Eigentlich* will Ennis gar nicht, dass seine Haltung sexuell provozierend wirkt; *eigentlich* wollen er und Jack gar nicht miteinander ficken, wenn sie um den Lagerplatz toben, und *eigentlich* soll ihr Kuss Alma und die Kinder gar nicht verletzen; kurz gesagt, *eigentlich wollen sie gar nicht homosexuell sein*. Die gefühlte Parteilichkeit der »Perspektive« löst die beiden Männer von der speziellen Bedeutung, die ihnen von dieser Perspektive nur aufgezwungen wird.

Allerdings bringt uns die Dialektik dieser Einstellungen nicht so sehr über die Perspektive hinaus als vielmehr dorthin zurück, wo wir vorher waren, indem sie die allgemeine Nostalgiestruktur des Films in Miniatur artikuliert. An dem einen Ende jeder Einstellung ist ein Homosexueller, der eigentlich gar kein Homosexueller sein will, an dem anderen Ende, ihm ebenbürtig und ihn spiegelnd, sitzt ein Filmzuschauer, der sich das für ihn eigentlich auch nicht wünscht. Beiden Seiten ist Selbsterkenntnis verwehrt, der Homosexuelle nicht imstande, sie zu erreichen, der Filmzuschauer befreit von ihr, da ihm ihre Last abgenommen und auf die Dramatis Personae abgewälzt wird. Was dementsprechend in diesen Einstellungen erhalten bleibt, sind jene vage Homoerotik, unschuldig und unbeschreiblich, die Jack und Ennis mit uns teilten, und die Szenerie auf dem Brokeback Mountain. Selbst wenn sich die Filmhandlung eifrig müht, das Homosexuelle zu zerstören, wirken die Bilder an der Rettung dieser Homoerotik, welche, solange sie nicht anerkannt, unbenannt und bedeutungslos ist, auch niemandem eine Antwort schuldet.

Somit bleibt der Film seinem Genre, dem Western, recht treu, in dem diese psychische Schutzzone noch häufiger vorkommt als ein Indianerreservat, dessen Gestalt sie gelegentlich annimmt. Letzten Endes hat mich das Ethos von *Brokeback Mountain* allerdings weniger an John Fords *The Searchers* (dt. *Der Schwarze Falke*) erinnert (dessen Echo Cineasten in der letzten Einstellung vernehmen) als an *Bear Pond*, Bruce Webers Fotobildband mit männlichen Akten aus dem Jahr 1990. »Bear Pond« (»Bärentümpel«) ist ein mythisch-sommerlicher Ort, an dem sich nackte Männer, allein oder paarweise, Freiluftaktivitäten hingeben, die genauso bukolisch sind, wie es der Ortsname verspricht. Das Homoerotische, obwohl von jedem Bild

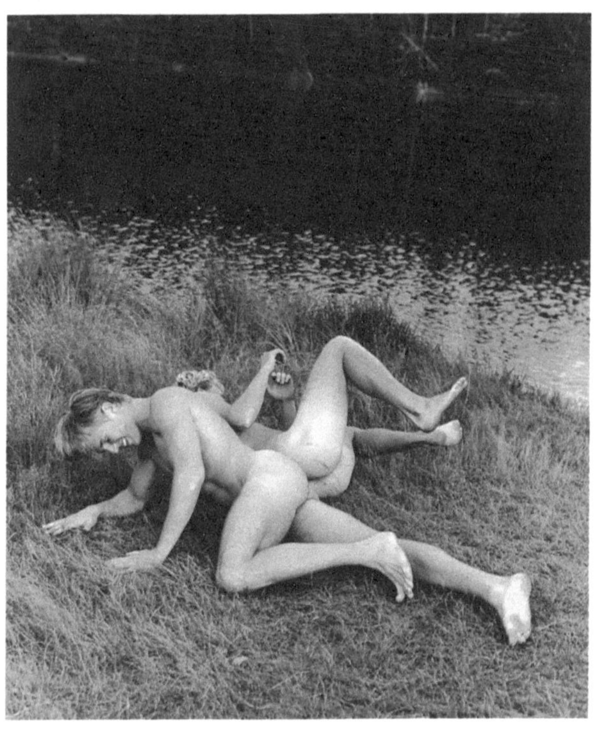

Bruce Weber, Jason and Christian on the island at Bear Pond, in: *Bear Pond* (1990). © Bruce Weber

verströmt, wird hier niemals ins Homosexuelle oder Schwule verdichtet; in der vor Ort vorherrschenden Unschuld wären Wollust und Abscheu so fehl am Platz wie eine Frau. Die Welt von »Bear Pond« wird schön und schlicht vor uns ausgebreitet, bietet sich uns auf dieselbe Weise dar, wie sich eine Berglandschaft dem Blick oder die Bergluft den Atemorganen darbietet. Das Auftauchen von Begehren wäre für dieses Feenland fatal, würde es so weit forttreiben wie jenes Eldorado, das von den Cowboys, Lederjackenmännern und anderen falschen Machos aller Couleur aus Chelsea oder The Castro[12] vergeblich gesucht wird. Manche von uns dachten früher, *Bear Pond* wäre ein regressiver Tagtraum, wie er für schwule Männer eigentümlich ist: eine an Eden erinnernde Fantasie von uns selbst vor dem Fall – ich meine nicht den Fall in verbotene sexuelle Praktiken, sondern in den Zustand des schwulen Begehrens überhaupt. Wir hatten keine Ahnung: In der Welt, die ihn hervorbringt und ächtet, ist der Wunsch, den Homosexuellen in einen Zustand der Latenz zurückzuversetzen, universal.*

12 Chelsea und The Castro sind die klassischen Schwulenviertel von New York und San Francisco (A. d. Ü.).

* Dieser Essay ging aus Gesprächen über den Film mit Robert Beck, Matt Bell, Naifei Ding, Lee Edelman, Richard Hutson, Chris Jensen, David Kurnick, Joseph Litvak, Richard Peña, Kent Puckett, Enrico Vettore, J. Weiner und Rob White hervor.

Elios Lehrjahre: Call Me by Your Name

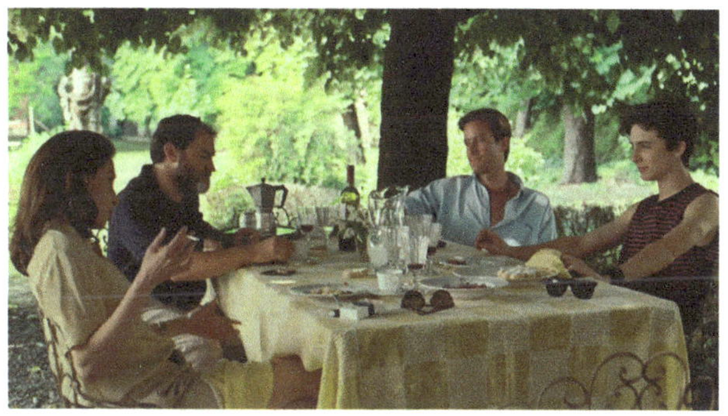

In seiner leidigen Tradition, angefangen bei *Maurice* (1987) über *Brokeback Mountain* (2005) und *Moonlight* (2016), hat das Mainstream Gay Movie (aka MGM) durchwegs drei konsistente Ziele verfolgt. Erstens, Sympathie für schwule *Liebe* zu wecken, die unter den barbarischen Repressionen des Closet um Selbstbehauptung kämpfen muss. Zweitens, die Sichtbarkeit von schwulem *Sex* zu begrenzen, dessen Abbildung skrupulös auf Abstand gehalten wird zu der expliziten Darstellung, die für den Heterovollzug vorbehalten ist (auf den das MGM keineswegs verzichtet – die schwulen Protagonisten müssen regelmäßig durch das Vorzimmer der Bisexualität hindurch). Auf die Synergie zwischen diesen beiden Zielen muss kaum eigens hingewiesen werden. Nur, indem wir unsere Augen vom unverkennbaren schwulen Liebesakt abwenden, können wir die Freiheit eines Menschen zu dessen Ausübung verteidigen. Auf die klassisch abstrakte liberale Weise wird alles gutgeheißen unter der Bedingung, dass nichts angeschaut wird.

Interessanter ist das dritte Ziel des MGM: *ein Ding von Schönheit*[1] zu sein – von so überwältigender (oder übertriebener) Schönheit, dass es, sofern die anderen beiden Ziele erreicht werden, das Publikum davon überzeugt, ein Meisterwerk zu sehen, »schwuler Sex hin oder her«. Dieses obligatorische ästhetische Laminat, das im sanft gesprenkelten Licht nie hell genug schimmern kann, um von der Kritik gefeiert zu werden, ist ein eigenartiges Phänomen. Andere Mainstream-Filme mit liberaler Agenda können es sich leisten, weniger um ihren äußeren Schein besorgt zu sein – gute Absichten werden als Ausgleich für vieles empfunden. Aber für das MGM ist »atemberaubende« Schönheit eine ebenso unverzichtbare Anforderung wie ein rascher Schwenk auf den Schritt eines Mannes. Nicht, dass das auch nur entfernt das Gleiche

1 *»A thing of beauty is joy forever«* (dt. »Ein Ding von Schönheit ist ein Glück auf immer«) ist die erste Zeile aus Keats' *Endymion* und im Englischen ein geflügeltes Wort (A. d. Ü.).

wäre. Die marktschreierisch angepriesene Schönheit verweist niemals auf die männlichen Körper auf der Leinwand oder auf die filmischen Strategien zu deren erotischer Aufladung; sie ist das, was wir *stattdessen* anschauen sollen.

Darum überrascht es kaum, dass Luca Guadagninos *Call Me by Your Name*, das letzte Exemplar des MGM, dafür gepriesen wurde, »schön gefilmt« worden zu sein, wobei das Urteil beinahe so mechanisch fällt, als hätte diese Phrase eine eigene Taste auf der Tastatur. Wenig überraschend auch, dass das, neben anderen Dingen, bedeutet, dass die schwule Sexszene, auf die hin der Film unser aller Erwartung über eine Stunde lang aufbaut, eine Szene, die uns womöglich tatsächlich unseres Atems beraubt hätte, *nicht* gefilmt wurde. Doch was *wird* nun »schön gefilmt«? Als Guadagninos Liebespaar letztlich dazu kommt, es zu tun, schwenkt die Kamera diskret weg, um, nicht zum ersten Mal, draußen den herrlichen Obstgarten zu betrachten. Die fotogene Kulisse ist typisch für das MGM, seien es die Berge Wyomings oder der Great Court des Trinity College, ein mondbeschienener Strand in Miami oder der Palazzo del Comune in Crema, Italien. Die Schönheit dieser Schönheit liegt darin, dass sie uns nach draußen bringt, zu einer Szene, die, weil sie nur als Szenerie dient, nicht homosexuell ist.

Call Me by Your Name führt allerdings die Schönheitsanforderung des MGM auf radikale Weise weiter als seine Vorgänger. Hier dient die sporadische *bella vista* dazu, die fortwährende Herrlichkeit eines *Ethos* zu promoten, eines ganzen Schönen Lebens. Die Handlung entfaltet sich einen Sommer lang in der Familienvilla der Perlmans »irgendwo in Norditalien«, einem Arkadien, in dem wir den Lieblingstraum eines jeden Touristen verwirklichen dürfen: keiner zu sein. Hier stören keine Migranten oder Reisebusse unsere zwanglose, doch tief verwurzelte Vertrautheit mit den prächtigen Vorgebirgslandschaften, den Seen, den Bergen. Unser täglicher Rundgang führt uns an bezaubernden alten Gebäuden und Plätzen vorbei, für die wir niemals einen Reiseführer benötigen, weil wir sie niemals nicht gekannt haben. Wir dinieren *all' aperto* in einem Obstgarten, spülen die hausgemachten *tortelli* und den frisch gefangenen Fisch mit einem *frizzante* herunter und beenden das Mahl mit einem *espresso* – wobei diese italienischen Wörter vielleicht noch mehr munden als die Mahlzeiten selbst. Und weil auch wir so unglaublich einheimisch sind, lassen uns die alten Männer in ihrer *Scopa*-Runde mitspielen, und die Bauersfrau hört auf, Bohnen zu schälen, um uns Wasser zu reichen; das pittoreske Italien steht uns buchstäblich zu Diensten.

Mehr und besser noch: Die *guten* Dinge des Lebens koexistieren hier in vollkommener Harmonie mit den *feineren* Dingen, der Welt des Geistes und der Künste. Auch davon haben die Perlmans einiges zu bieten, in einer Überfülle, die beinahe parodistisch wirkt: angefangen beim Vater, Samuel, der Hochschulprofessor für griechisch-römische Antike ist, über die Mutter, Annella, eine mehrsprachige Übersetzerin, bis hin zum siebzehnjährigen Sohn Elio, einem musikalischen Wunderkind. Zu ihnen gesellt sich Oliver, der im Anschluss an seine Promotion ein Manuskript über Heraklit und Heidegger vorbereitet. Noch erstaunlicher als die an Susan Sontag gemahnende Bandbreite der hier zur Schau gestellten Hochkultur ist die erlesene Leichtigkeit, mit der die Familie über sie verfügt; die Fähigkeiten sind so natürlich, beziehungsweise so sehr zur eigenen Natur geworden, dass sie kein Anzeichen dafür aufweisen, dass sie erworben werden mussten. »Schatz«, fragt Annella in dem Ton, in dem eine Frau aus niederen Gefilden nach ihrer Sonnenbrille fragen würde, »hast du mein Heptameron gesehen?« Sie findet ein Exemplar, aber – wie konnte *das* passieren? – es ist auf Deutsch![2] Kein Problem, sie übersetzt eine Geschichte aus dem Stegreif, muss dabei kaum ins Buch schauen (wo im Halbdunkel ohnehin nicht viel zu erkennen wäre), zur bloßen Unterhaltung von Vater und Sohn. Der junge

2 Hinweis zur deutschen Filmversion: Da die Mutter daraufhin aus dem Stegreif übersetzt und es auf die Fremdheit der Ausgangssprache ankommt, handelt es sich sowohl in der Synchronisation als auch in den deutschen Untertiteln nicht mehr um eine deutsche Ausgabe des *Heptameron*, sondern um eine »auf Spanisch« (A. d. Ü.).

Elio bewegt sich ebenfalls mit Leichtigkeit zwischen verschiedenen Sprachen, mit keinem offenkundigen Grund außer dem, zu zeigen, dass er in ihnen genauso bewandert ist wie auf dem Piano, einem Instrument, dass er, ohne üben zu müssen, wie ein Virtuose spielt. Was den Professor angeht, so gleitet seine unbefangen wirkende Gelehrsamkeit gleichermaßen durch klassische Archäologie, Kunstgeschichte, Philosophie und Philologie. Kein mühsames Graben für diesen Archäologen; sein letzter Fund trieb einfach vom Grund des in der Nähe gelegenen Sees hinauf zu ihm. »Was für ein schöner Ort zum Arbeiten!«, sagt jemand zu dem Regisseur mit kreativer Blockade in *Achteinhalb*. Was in Fellinis Kurort Ironie ist, scheint in Guadagninos Villa nichts weniger als die schlichte Wahrheit zu sein. Abgesehen davon, dass an diesem *locus amœnus* keine Arbeit zu erledigen ist; befreit von aller Schinderei, sogar von aller Anstrengung, ist sie Spiel geworden – Schillers ästhetischer Zustand ist erreicht.

In diesem ästhetischen Zustand wird jedoch bemerkenswerterweise nichts aus ästhetischen Gründen allein betrieben. Wenn die Villa mit ihren Statuen und Fresken auch eine passende Behausung für die Gelehrsamkeit der Perlmans ist, so bleibt diese Gelehrsamkeit doch immer auch sehr häuslich und gemütlich. Wie extrem sie auch sein mag, sie verlässt nie die heimische Nähe für unnötige Pedanterie oder autonomen Formalismus; sie ist so bewohnt wie die Villa selbst. Je extravaganter ein Verweis erscheint, desto relevanter erweist er sich tatsächlich für das Familiendrama um Elios Verknalltheit in Oliver. Zum Beispiel regt Margarete von Navarras Fabel den Jungen dazu an, seinem Liebsten alles zu erzählen; vermutlich hat sie seine Mutter aus diesem Grund ausgewählt; und natürlich braucht Elio nur auf deren sprachlosen Helden anzuspielen, damit der mit der Geschichte ebenso vertraute Oliver das Gespräch auf den Punkt bringt. Wenn Saft, der aus den Früchten des Obstgartens gepresst wird, zum Anlass für Olivers höchst erstaunliche Etymologie des Wortes »Aprikose« (von lateinisch *praecox*, oder frühreif) wird, schwebt auf ähnliche Weise die intellektuelle Darlegung als eine nebelhafte, alsbald schon verdichtete Anspielung auf Elios frühreifen und sich nach verbotenem Obst sehnenden Schwanz im Raum. Später bei seinem Sexspiel mit einem Pfirsich holt Elio selbst diesen Subtext aus dem Versteck zwischen den Zeilen hervor. Die Schnittstelle Kunst/Leben kulminiert dann, als der Professor Olivers Aufmerksamkeit auf die »alterslose Ambiguität« männlicher Akte in hellenistischen Bronzeskulpturen lenkt: Es ist, sagt er, »als würden sie uns herausfordern, sie zu begehren« – und als ob Praxiteles höchstselbst gekommen wäre, um dem für Altersgrenzen blinden homosexuellen Verlangen, das von Elio, Oliver und (wie wir später über Umwege entdecken werden) auch dem Professor gehegt wird, seinen Segen zu geben.

Obwohl es heißt, der Film spiele Anfang der 1980er Jahre, entfaltet er sich in einem wahrhaftigeren Sinn in jenen mythischen Zeiten, für die, wie es Georg Lukács in berühmten Worten geprägt hat, »der Sternenhimmel die Landkarte der gangbaren und zu gehenden Wege ist« und das Leben, strahlend authentisch, identisch mit seinem Sinn ist. Das Netz der Selbstreferenz der Perlmans hält so dicht, dass nichts jemals auf den Müll wandert oder nicht dazugehört. Eine solche organische Einheit suggeriert, dass ihr Schönes Leben die naive Form eines Kunstwerks ist – in anderen Worten, die embryonale Form genau dieses Films. In jenem Leben fußend, aber es zu künstlerischem Selbstbewusstsein erweckend, weist der Film auf sich selbst als die letzte und erlesenste Blüte des Schönen Lebens. Guadagnino gab sich Mühe zu zeigen, dass er selbst in dieser narrativen Welt in buchstäblichster Weise zuhause ist, indem er die Handlung aus Ligurien, wo die literarische Vorlage von André Aciman spielte, in die Lombardei verlegte, wo er selbst lebt, und indem er die Villa mit Gegenständen aus seiner Wohnung in Crema ausstattete. Sogar auf dieser Ebene wurde Elios Welt Guadagninos künstlerischer Identität subsumiert; sie dient als deren Sprachrohr. In der Tat, *»I'll call you by my name«* – ich werde dich bei meinem Namen nennen.

❧

Das Schöne Leben lässt Homosexualität in drei Erscheinungsformen zu. In Gestalt des antiken Jünglings der »wunderschönen« und »sinnlichen« Bronzeskulpturen erweckt Homosexualität Professor Perlmans vorbehaltlosen Enthusiasmus. Als Avatar des modernen Schwulseins, repräsentiert durch ein älteres männliches Paar, das zum Abendessen in die Villa kommt, ist sie allerdings Gegenstand einer uneindeutigeren bloßen Toleranz. Die Perlmans finden Isaac und Mounir alle ein wenig absurd; ihre dandyhaft aufeinander abgestimmten Outfits sind ebenso peinlich wie das Hemd, das sie Elio aus Miami geschickt haben und das man wohlmeinend als fröhlich gemustert umschreiben könnte. Die Schönheit liegt nicht auf Seiten dieser Schwulen, sondern eher darin, dass die Familie sie *sogar so* akzeptiert – weshalb Elio auch das Büßerhemd zum Abendessen tragen muss. Sein Vater erklärt ihm: »Du bist zu alt, um die Leute nicht zu akzeptieren, wie sie sind. Was stimmt nicht mit denen? [...] Liegt es daran, dass sie schwul sind, oder weil sie lächerlich sind?« Da sie aber offensichtlich beides sind, bleibt die Botschaft, so wie es für Toleranzbotschaften typisch ist, am Ende uneindeutig: Diese albernen Tunten sind einfach zufällig schwul.

Doch die dritte und denkwürdigste Weise, in der das Schöne Leben die Homosexualität willkommen heißt, liegt in der Beflissenheit, mit der die Eltern die sexuelle Beziehung zwischen Elio und Oliver mitausbrüten.

Rasch und leise begreifen diese aufmerksamen Eltern das Begehren, das ihr Teenagersohn für einen erwachsenen Mann empfindet, und statt es zu bekämpfen oder zähneknirschend in Kauf zu nehmen (Verhaltensweisen, mit denen sie sofort aus dem Rennen wären), tun sie etwa Clevereres: Sie übernehmen die Aufsicht über dessen Vollzug, sodass sie niemals *nicht* im Bilde sein werden und alles in der Familie bleibt. Nachdem sich Annella privat bei Oliver vergewissert hat, dass er Elio »mag«, teilt sie diese ermutigende Information mit ihrem Sohn. Samuel bestärkt seinerseits mit seinem Loblied auf die wie ein Köder für das Begehren wirkenden Bronzeplastiken Olivers Wagemut. Zusammen organisieren sie sogar einen unbeaufsichtigten Ausflug der Jungen mit Übernachtung in Bergamo. Manche würden wohl das Verhalten von Mutter und Vater als schön bezeichnen – und der Vater sagt das auch ungefähr so, als er nach Olivers Abreise allein mit Elio ist. »Die meisten Eltern an meiner Stelle würden hoffen, dass die ganze Sache vorbeigeht [...] aber so ein Vater bin ich nicht.« Diese selbstgefällige Wendung taucht mitten in einer langen, hollywoodmäßigen Rede auf, in welcher der Professor, mit einem mächtigen Zwinkern des lehrmeisterlichen Auges, Elio vorschlägt, ihm das soeben am eigenen Leib Erfahrene zu erklären.

Die Rede ist ein echter Head Trip, aber um es ganz deutlich zu sagen: Abstoßend an ihr ist nicht, dass sie Sympathie für Elios schwules Begehren ausdrückt oder dafür, dass dieses Begehren mit einem erwachsenen Mann ausgelebt wird. Halten wir Sammy und Annella Folgendes entgegen: Die meisten Eltern an ihrer Stelle wären zu beschäftigt mit ihrer Sorge darüber, dass ein älterer Mann ihrem Sohn »nachstellt«, um zu bemerken, dass es tatsächlich ihr Tadzio sein könnte, der den anderen aufreißen möchte. Nein, die Rede ist abstoßend in einem wortwörtlichen Sinn: Sie versucht, jedes mögliche Verständnis der Beziehung mit Oliver als eine ernsthafte *sexuelle* Erfahrung für Elio fortzuwischen, und damit auch alles, was sie zu jener bedeutsamen *sozialen* Erfahrung machen könnte, die wir »Erwachsenwerden« nennen. Die Allwissenheit des Vaters (gekrönt von diesem meisterhaften Schlussstrich: »Habe ich unpassend geredet?«) lässt der Selbsterkenntnis des Sohns keinen Raum zum Atmen.

Es lohnt sich, auf ein paar der Wege hinzuweisen, die dieser Helikopter-Vater blockiert. Einer ist, recht einfach, die Möglichkeit, dass die Begegnung mit Oliver Elios sexuelle Orientierung klären könnte, dass also (wie die Tunten, über die sich seine liberalen Eltern ständig lustig machen mussten) der Junge *schwul* sein könnte. Eine zweite, daraus folgende Möglichkeit ist, dass irgendetwas außer Elend und hässlichen Hemden (eine ursprüngliche Beziehung zum Leben? ein paar heiße Jungs?) intervenieren könnte zwischen dem gebrochenen Herzen des Teenagers und dem von seinem Vater erwähnten Moment künftiger selbstmörderischer Verzweiflung, wenn »niemand mehr [deinen Körper] ansieht, geschweige denn ihm nahekommen will«. Von wessen vergreistem Körper kann dieser Mann in gerade einmal mittleren Jahren, der immer noch gelegentlich vor aller Augen kleine Gesten der Zuneigung und Zärtlichkeit mit seiner Frau austauscht, überhaupt sprechen? Das Problem mit der väterlichen Weisheit ist aber weniger, dass sie aus der Konserve kommt, als vielmehr, dass sie darauf abzuzielen scheint, einen siebzehnjährigen schwulen Jungen in einen Fall fürs Closet zu verwandeln – bereits mit einem Fuß im Grab stehend.

Deshalb ist eine dritte verhinderte Möglichkeit die zutreffendste für diesen Film: die Chance, dass Elios sexuelles Sein den dicht gewobenen Familienkreis zerbrechen könnte, und mit ihm die Abgerundetheit des Schönen Lebens, das gleichsam der Heiligenschein um jenen Kreis ist. Elios aufgeklärte Eltern glauben, dass sie die Sexualität ihres Sohnes genauso kuratieren können, wie sie dessen Klavierlehrer ausgewählt oder sich um seinen Französischunterricht gekümmert haben müssen. So besteht nun die Vorstellung des Vaters von liebender Fürsorge natürlich darin, die homosexuelle Erfahrung seines Sohnes unter seiner eigenen schönen Idee von ihr zu begraben. Er gibt zu, selbst ein Closet-Fall zu sein, und wie es für einen solchen zu erwarten ist, tut er alles, was er kann, um die Beziehung mit Oliver zu *beschönigen* – und damit zu entsexualisieren. »Ihr beide hattet eine wunderschöne Freundschaft«, bestätigt er, und hängt dann einen Satz an, den er aus einer früheren Kontaktanzeige von mir plagiiert haben muss: »vielleicht mehr als eine Freundschaft«. Ein Verweis auf Montaigne und La Boétie setzt das hochkulturelle Siegel unter diese Verklärung der sexuellen zu einer freundschaftlichen Beziehung; und das falsche Coming-out des Vaters – »etwas hat mich immer zurückgehalten oder stand im Weg« – ist nur fortgesetztes Zurückhalten. Das vage angedeutete »Etwas«, das seine eigene Homosexualität blockierte, steht weiter hinter seiner Schönheitsbehandlung von Elios Sexualität.

❧

Die Art und Weise des Zurückhaltens in diesem Film legt nahe, worin das Problem liegt. Der prüde, in seiner Old-School-Hollywood-Sittsamkeit beinahe komische Rückzug der Kamera vom Liebesakt fällt in einem Film, der uns so viel ungehemmtes Küssen von Mann zu Mann zeigt, umso mehr ins Auge. Guadagnino hat ein paar rationale Argumente für seine Zurückhaltung aufgeboten. Beim New York Film Festival behauptete er: »Unseren Blick auf den [schwulen] Liebesakt zu lenken, wäre eine Art unfreundliches Eindringen gewesen.« In einem weiteren Interview[3] suggeriert er ganz im

3 Mit *The Hollywood Reporter*, 8. Februar 2017 (A. d. Ü.).

Gegenteil, dass nicht die schwulen Liebhaber Schutz vor unserem starrenden Blick benötigen, sondern dass wir abgeschirmt werden sollen von etwas, das wir in ihnen sehen könnten:

> Ich wollte nicht, dass das Publikum irgendeine Differenz oder etwas Trennendes in seinem Verhältnis zu diesen Figuren findet. Mir war es wichtig, diese kraftvolle Universalität zu erschaffen, weil die ganze Idee des Films darin liegt, dass die andere Person dich schön macht – dich erleuchtet, dich erhebt. Dem Anderen wird oft mit Abwehr, Angst oder einer Art Grauen begegnet, doch das Willkommenheißen des Anderen ist etwas Fantastisches, besonders in diesem historischen Moment.

Das Unstimmige dieser ganzen recht scheinheilig wirkenden Statements sticht ins Auge. Auf den Liebesakt zu starren war vollkommen akzeptabel, als Elio mit Marzia seine (heterosexuelle) Jungfräulichkeit verlor. Nun von einem »unfreundlichen Eindringen« zu sprechen, verwechselt unweigerlich (und auf vielsagende Weise) den Akt des Sehens mit dem Akt, der nicht gesehen wird – der falschen Art des Fickens. Und man kann nur raten, wie es das »Willkommenheißen des Anderen« erleichtern soll, wenn man eine Person davon *abhält*, dass sie »irgendeine Differenz findet«, da so ja genau die Andersheit des Anderen ausgespart wird.

Und wer heißt überhaupt wen willkommen? Heißen *wir* Elio und Oliver willkommen, oder heißen *sie* einander willkommen? Und handelt es sich dabei um die gleiche Art des Willkommenheißens?

Zweifellos denke ich hier zu viel über Bemerkungen nach, die sich besser als modische Ausdrücke der Verdrängung verstehen ließen. Während seine Kamera aus dem Schlafzimmer herausschwebt, findet Guadagnino es hilfreich, wie Peter Pan wundervollen Gedanken nachzuhängen. Doch wir sollten uns nicht täuschen: Dieser Enthusiasmus, den Anderen willkommen zu heißen, ist, ebenso wie die Wertschätzung der Freundschaft durch den Professor, weitaus homophober als irgendeine bloße Auslassung von schwulem Sex. Das hätte zumindest den Vorteil, alles der pornographischen Fantasie zu überlassen. Die Verschönerungskampagne in und um *Call Me by Your Name* treibt den schwulen Sex durch so grandiose sentimentale Missverständnisse, dass wir ihn nicht einmal mehr erkennen würden, wenn wir ihn sähen. Nur im Neo-Closet des heutigen sexuellen Liberalismus könnte »das Willkommenheißen des Anderen« irgendetwas anderes sein als eine sehr lustige Bowdlerisierung[4] dessen, was Elio mit Oliver im Bett treibt.

4 Form der (Selbst-)Zensur, die alles vermeintlich Anstößige aus einem Werk entfernt, benannt nach Thomas Bowdler, der 1818 eine »familientaugliche« Shakespeare-Ausgabe herausbrachte (A. d. Ü.).

Sogar die diskreten konnotativen Kodes des Films sind da deutlicher, und wer immer sie nicht willentlich ignoriert hat, weiß genau, was anzusehen hier unfreundlich oder abstoßend wäre: das unschöne Spektakel von Blut, Schmerz und Scheiße, das die Initiation von Elios verlangendem Arschloch ist. Ein solches Spektakel ist wahrscheinlich keine fantastische Bestätigung unserer Menschlichkeit in diesem oder irgendeinem anderen historischen Moment. Im gleichen Essay, in dem Montaigne seine wunderschöne Freundschaft in höchsten Tönen lobte, verurteilte er, wie sich der Professor durchaus hätte erinnern können, die »bei den Griechen üblichen Ausschweifungen«. Und obwohl diese Initiation Gegenstand von Elios kühnstem Verlangen war, legen sein postkoitalen Stimmungsschwankungen nicht nahe, dass sie für ihn ein vorbehaltlos freudiges Ereignis darstellte. Jedenfalls legt er kein Zeugnis von der ekstatischen Entdeckung des gleichgeschlechtlichen Körpers ab. Natürlich ist dieser sexuell wenig entgegenkommende Film diplomatisch genug, um uns zu versichern, dass die sexuelle Beziehung, von Elio erwünscht und von den Eltern gebilligt, nicht so beschaffen war, dass Oliver »irgendwelchen Ärger bekommen« würde. Doch die Tatsache, dass Elio nicht missbraucht oder belästigt wurde, hat ihn nicht davor bewahrt, die dem Sex selbst innewohnende heikle, unheimliche, erzwungene Selbstenteignung zu erfahren. Es ist diese Negativität des Sex – versinnbildlicht natürlich durch die empfundene Hässlichkeit der *via rettale* –, über die sich sowohl das Schöne Leben als auch der in dessen Namen sprechende schöne Film empören.

Es ist eine unversöhnliche Differenz. Selbst wenn die homosexuellen Lover ihre Sache erledigt haben und die Kamera es für hinreichend sicher hält, ins Schlafzimmer zurückzukehren, bietet sie uns ein kunstbeflissenes Close-Up ihrer Gesichter *kopfüber*. Es hat den Anschein, als wollte Guadagnino mit dieser auffälligen Zurschaustellung postkoitaler Normalität für die Unsichtbarkeit des untragbar »anderen« schwulen Sex entschädigen. Und tatsächlich muss hier achtgegeben werden, denn während dieser ablenkenden Einstellung macht Oliver Elio jenen Vorschlag, der seiner und Elios Liebe ihr Leitmotiv und dem Film seinen Titel gibt: »Nenn mich bei deinem Namen, und ich nenne dich bei meinem.« Elio akzeptiert – beide Namen bilden bereits ein Beinahe-Palindrom –, und gemeinsam gurren sie ein verzaubertes Duett zur Herstellung von Seelenverwandtschaft, in dem die vielen offensichtlichen Unterschiede zwischen ihnen zugleich anerkannt und aufgehoben werden. Unter dem Zauber der Äquivalenz legt Elio seinen Kopf auf die andere Seite von Olivers Kopf, gleichsam um dem verbalen Austausch der Namen eine visuelle Entsprechung zu geben. Doch selbst im artikulierten Kern der Call-me-Fantasie wird durch

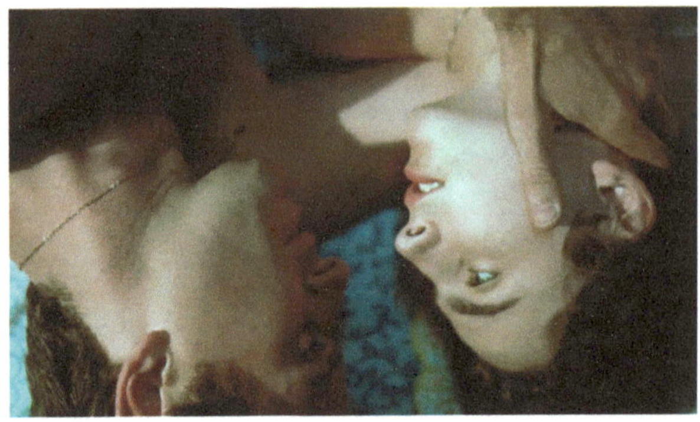

Oliver und Elio: eine kunstvolle Inversion

kleine Defekte die Symmetrie abgeschüttelt: Elio nennt Oliver drei Mal »Elio«, aber Oliver schafft es nur, Elio zwei Mal »Oliver« zu nennen, bevor der nächste Schnitt die Einstellung beendet, mit ein wenig von Olivers eigener Schroffheit, sodass auch Elios Verwandlung unvollständig bleibt. Es scheint zunehmend so, als ob der Reiz der Fantasie (für beide Seiten) darin bestünde, über das *hinwegzufantasieren*, was andernfalls als eine schmerzhafte Einseitigkeit in der Beziehung erscheinen würde.

Und nun ergibt sich aus dem Kopfüber der Einstellung ein gewisser Sinn, da wir die Affinität zwischen dem horizontal umgekehrten Bild *innerhalb* der Einstellung, an dem sich Elio versucht, und dem vertikal umgekehrten Bild, das die Einstellung selbst ist, in uns aufnehmen. Guadagninos Bild scheint darauf aus zu sein, ein ähnliches Gleichheitswunschdenken gegen die obszöne (im Off stattfindende) Asymmetrie zwischen phallischem Top und analem Bottom zu inszenieren. Was aber Acimans Roman die »Austauschbarkeit unserer Körper« nennt, kann hier nur in einer auf den Kopf gestellten Welt geschehen, in der die Köpfe der Protagonisten während ihres Bettgeflüsters unterhalb ihrer Hüften zu liegen und somit jene niederen Körperpartien zu ersetzen scheinen, deren eigene Art des Verkehrs sich nicht der gleichen Wechselseitigkeit erfreute. Der von Schuldgefühlen geplagte Oliver wird fast alles tun, um bei Elio wiedergutzumachen, dass er ihn gefickt hat – Elios Sperma schlürfen, Elios Mund küssen, nachdem der sich übergeben musste –, alles, außer ihn zur Abwechslung die Top-Position einnehmen zu lassen. Und der erniedrigte Elio hat auch seinen eigenen imaginären Weg, um die Dinge zurechtzurücken. Als er seinen Schwanz zwischen die Hälften einer anderen Sorte Steinfrucht presst, lässt uns die Metaphorik des Films auch ohne Unterstützung durch Emojipedia verstehen, dass einen ausgewachsenen Pfirsich zu ficken die Gegenmaßnahme zur eigenen Wiederherstellung ist, wenn man als frühreife Aprikose gepflückt worden ist.

Wann immer der Film oder irgendwer im Film sich dem Negativen im Sex gegenübersieht, taucht die Call-me-Fantasie als Trost auf. Olivers »flatterndes blaues Hemd«,[5] wie es im Roman heißt, bringt das Schema auf den Punkt. Es handelt sich bei ihm um das Oberbekleidungsstück (um nicht zu sagen das Top), das der selbstbewusste Amerikaner bei seiner Ankunft in der Villa trägt. Später dient es aber als Wischtuch, das Oliver und Elio benutzen, um sich nach dem Sex zu säubern. (Nervöser Elio: »Mafalda hält immer nach Spuren Ausschau«; selbstbewusster Oliver, beim Wegwischen: »Nun, sie wird keine finden.«) Das beschmutzte Hemd bringt den schwulen Sex lauter zur Sprache als alles Sonstige in diesem Wispern von einem Film, und die Kamera verweilt über ihm, während es zerknüllt auf dem Fußboden des Schlafzimmers liegt. Für einen allzu gründlichen Betrachter scheint der schmutzige Hemdwischlappen *all* die Spuren zu tragen, die mit dem Wegwischen vor der neugierigen Haushälterin verheimlicht werden sollten; in einem Aphorismus, der Guy Hocquenghem zugeschrieben wird, ist es so formuliert: »Ein Schwanz bringt immer etwas Scheiße mit zurück.«[6]

5 André Aciman, *Call Me by Your Name: Ruf mich bei deinem Namen*, aus dem amerikanischen Englisch von Renate Orth-Guttmann, München (dtv) 2018, S. 24 u. a. (A. d. Ü.)

6 Das Zitat stammt aus *Les culs énergumènes*, einem anonym veröffentlichten Text von 1973, der in der amerikanischen Übersetzung (*The Screwball Asses*) Guy Hocquenghem zugeschrieben wurde, aber laut dessen Biographen von einem Christian Maurel verfasst wurde (unter dessen Namen die deutsche Übersetzung mit dem Titel *Für den Arsch* auch erschienen ist) (A. d. Ü.).

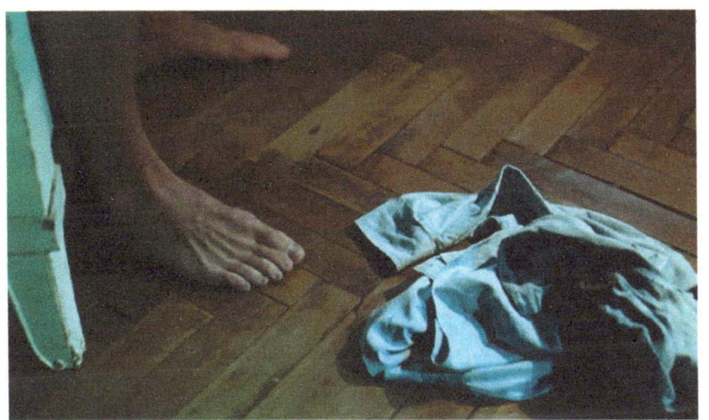

Nahezu unzulässiges Beweismittel

Doch nachdem uns die Einstellung erlaubt hat, so viel zu erhaschen (oder zu imaginieren), löst sie sich auf zum Bild eines schönen Sees im Morgendämmern. Wir erkennen hier natürlich die konventionelle Verwendung der Überblendung, um das Vergehen von Zeit zu vermitteln; doch noch treffender suggeriert sie, dass Guadagnino es nicht erwarten konnte, das schmutzige Hemd in die Wäsche zu tun. Wurde denn eine Bildauflösung durch Überblendung jemals in buchstäblicherer Absicht ausgeführt – um das Werk eines Lösungsmittels zu verrichten, das hartnäckige Schmutzflecken zu beseitigen hatte? Doch in gewissem Sinn hatte das professionelle Reinigen bereits begonnen, als Elio, kaum hatte er das, was jetzt *Wischtuch* war, auf den Boden geworfen, Oliver um das *Top*, an das er sich noch erinnerte, als Andenken bat. Oliver wird dieser Bitte natürlich nachkommen, und nachdem das Hemd säuberlich gewaschen wurde, findet Elio es auf seinem Bett, begleitet von einer Notiz, die es noch einmal wäscht: »Für Oliver. Von Elio.«

❧

Ich mochte diesen Film so wenig, dass ich mit meiner lange gepflegten Tradition brach, bis zum Ende des Abspanns sitzen zu bleiben; ich verließ den Saal, sobald die Worte »Call Me by Your Name« in der Einstellung vom weinend ins Kaminfeuer blickenden Elio erscheinen. Als ich aber anlässlich dieser Besprechung den Film ein zweites Mal ansah, wurde mir klar, dass ich mich durch mein vorzeitiges Verlassen um die beste Einstellung im Film gebracht hatte, eine derart gute Einstellung, dass ich mich zu der Frage veranlasst sah, ob ich mit meinem Vorgehen, den Film gegen den Strich zu lesen, wirklich einer gewissen Komplexität in Guadagninos Absichten gerecht geworden bin. Die Einstellung, zu sehen, während die Credits über sie hinwegliefen und die Zuschauer ihre Handys wieder in Betrieb nahmen, war dazu bestimmt, im Orkus zu landen, doch darin lag, wie ich nachträglich bemerkte, die ethische Probe, auf die sie uns stellte: nicht das zu übersehen, was nicht lauthals um Aufmerksamkeit buhlte. Beim ersten Mal war mir die Einstellung entgangen; was konnte ich beim zweiten Anlauf darin finden?

Die Sommerromanze von *Call Me* hat eine Wintercoda – die Familie ist für Chanukka in die Villa zurückgekehrt. Dass es draußen wie für ein Postkartenidyll schneit, verstärkt nur die Festtagswärme drinnen: Latkes werden zubereitet, Feuer im Kamin, der Tisch im schimmernden Kerzenlicht … Völlig überraschend ruft Oliver an, und Elio hebt ab. »Ich habe Neuigkeiten« – er wird heiraten. »Davon hast du nie etwas erzählt.« »War zwei Jahre lang ein ziemliches Auf und Ab.« Der Schmerz wird überdeckt – oder in Schmerz einer anderen Art umgewandelt –, als die Eltern an einem zweiten Hausapparat ins Gespräch hereinplatzen und Oliver mit brausendem Jubel beglückwünschen: »Wunderbar! Gratulation! Mazeltov!« Wäre das der Versuch von Sammy und Annella gewesen, begeisterte Überraschung und bestätigtes Vorherwissen (denn in der Kultur der Ehe *sehen* wir diese Dinge vorher) miteinander in Einklang zu bringen, so hätten sie es nicht besser machen können. Es handelt sich aber gar nicht um einen solchen Versuch; sie reagieren hier völlig unmittelbar und natürlich. Ganz gleich, wie weit ihr liberales Bewusstsein sie gebracht hat, ihr Unbewusstes wird sich immer auf die Seite derer stellen, die heiraten. Sie sind unerschütterliche Anhänger von positivem, publizierbarem Sex, dem Sex, dessen »Spuren« nie vor der Haushälterin, der Gouvernante für solcherlei Spuren in einstigen und künftigen Zeiten, versteckt werden müssen. Die Tatsache, dass der Eheimperativ anscheinend eine tiefere, automatischere Anhänglichkeit gebietet als er selbst, wird für Elio mit Sicherheit nicht leichter zu schlucken, als Oliver, wieder im Eins-zu-eins-Gespräch, anmerkt, dass der Professor ihn wie einen aus der Familie behandle, »fast so wie einen Schwiegersohn«. Wenn er nur einen solchen Vater hätte – Elio habe ein solches Glück! Wie vorherzusehen war, versucht Elio das Dein-Name-Spiel wiederaufzunehmen, doch diesmal spielt er allein. Oliver gibt ihm nur einmal ein Echo zurück, dann verweist er die Gewohnheit kurz und bündig in die Vergangenheit: »Ich erinnere mich noch an alles.«

Elios Verheerung in diesem Moment kommt von dem, was wir als die gesellschaftliche Verstärkung seiner sexuellen Demütigung begreifen können: Er ist gefickt worden und bekommt nun von den tief verankerten Normen einer Welt, in der die Heirat alles vor ihr Liegende wegwischt, noch eine reingewürgt. Es wird keine Erklärung dafür verlangt, warum sein Geliebter sich ohne »etwas zu erzählen« in eine heterosexuelle Verlobung zurückgezogen hat; oder warum seine Eltern diesen Rückzug als eine Rückkehr zur Grundform feiern; oder warum sein Vater in dem Mann, den Elio in weiser Voraussicht den »Usurpator« nannte, einen Schwiegersohn (sprich: einen Sohn, der die patrilineare Tradition fortsetzen wird) gefunden hat. In der allgemeinen Vereinnahmung muss selbst die Besorgtheit, deren verhätschelter Adressat Elio gewesen ist, der Gleichgültigkeit Platz machen.

Um die plötzliche extreme Isolation des Jungen – die Beinahe-Absolutheit seiner Nichtanerkennung – wiederzugeben, filmt ihn Guadagnino vor dem Kamin hockend, ins Feuer starrend, weinend. Diese Einstellung ist sehr verschieden von denen, an die sie uns in ihrem deutlichen Kontrast erinnern muss: Heulsuse Elio mit Mutter, Vater, Oliver. Diesmal achtet Elio darauf, dass niemand seine Tränen sieht, denn sie beweinen seine neugefundene, ungesuchte Identität als *einer, den niemand sehen kann*. Es schaut »ins« Feuer, auf nichts als eine Innerlichkeit, und kann sich nicht länger vorstellen, für diese einen Ausdruck in der Unschärfe des Schönen Lebens hinter ihm zu finden. (Könnte er den beteiligten Parteien denn wirklich erklären, wie vollständig die spontane Übereinkunft, die sie um die heterosexuelle Heirat und die richtige Art Sex gebildet haben, ihn ausgelöscht hat?)

Die Strenge der Einstellung liegt genau in ihrer unbequemen Länge, ihrem hartnäckigen Verweilen auf Elio, als er seinen sozialen Tod betrauert, während der Abspann über ihn hinwegrauscht wie eine rasche und billige Begräbniszeremonie. Die erschöpfend vollständige Aufzählung von Namen scheint seinen Verlust sowohl eines Namens als auch eines Zugehörigkeitsgefühls zu intensivieren, gerade so, als wüsste er, dass er mit ihnen die Leinwand teilt. Die unendlich kleine

Ausdrucksnuance, die Timothée Chalamet, der virtuose Darsteller von Elio, auf das Gesicht des Jungen zu bringen versteht, legt nahe, dass die Schatten der Entbehrung unendlich groß sind, dass die Einstellung in dieser Hinsicht *tatsächlich* so endlos sein könnte, wie sich ein Abspann immer anfühlt. Natürlich ist Annella die erste, die ihren Sohn zurück ins Schöne Leben ruft: »Elio?« Mechanisch – so funktioniert familiärer Drill – beginnt er, seinen Kopf in ihre Richtung zu wenden, doch er hält kurz inne, um seine Tränen an seinem Hemd abzuwischen, bevor er dem Ruf Folge leistet. Denn dies sind in der Tat die letzten Tränen seiner Jugend. Seinen Platz an der Festtafel wird er »mit gebadeten Augen« einnehmen – in Cordelias Sinn eines abgeklärten Blickes auf die Dinge.[7] Das Einzige, was dort seine Freude an dem Trostessen schmälern wird, so lässt der Film uns vermuten, ist die frisch erworbene Erkenntnis, dass er sich soeben, in jedem erheblichen Wortsinn, in einen Geist verwandelt hat. Und diese Erkenntnis, so lässt uns dieser mehr als ärgerliche Film weiter vermuten, ist das, worauf schwules Erwachsenwerden – so anders als ein schwules Coming-out – noch immer hinausläuft.

7 Shakespeare, *König Lear*, hier in der Übersetzung von Christoph Martin Wieland (A. d. Ü.).

Nachwort

Siamo belli, dunque deturpiamoci – wir sind schön, verunstalten wir uns also. Pasolini merkte einst an, dass Minderheiten nur toleriert werden, wenn sie die eigentliche »Schattierung« ihrer Erfahrung ausmerzen und damit jeglichen Anhaltspunkt dafür tilgen, dass sie jemals in den sie prägenden sozialen Ghettos gelebt haben. Weil diese Schattierung tatsächlich ein Schatten ist, ein Makel, muss das tolerierte Minderheitensubjekt »sich vollständig verleugnen und vorgeben, dass die hinter ihm liegende Erfahrung eine normale Erfahrung ist – sprich, eine Mehrheitserfahrung«. Auf ähnliche Weise erringt im Mainstream Gay Movie (MGM) der Schwule Mann seinen Anspruch darauf, als respektables Thema zu gelten, einzig unter der Bedingung, dass er den heteronormativen Spiegel hochhält, der seine Differenz aufhebt. Aus diesem Grund muss das MGM, wie ich in diesen Essays dargelegt habe, seine besonderen sexuellen Gewohnheiten verschleiern und sie zugleich zu den Idealen der Liebe, Beziehung und Familie verklären, von denen die Ehekultur der Mehrheit gesponsort wird. Die fortlaufenden faulen Kompromisse des neoliberalen Closet (um nur von den USA zu sprechen) erstrecken sich weit über das Mainstream-Kino hinaus. Keine zwei Monate, nachdem im Jahr 2015 der Oberste Gerichtshof der Vereinigten Staaten die Homoehe zuließ, wurde vom US-Heimatschutzministerium, unterstützt vom New York Police Department, als Teil einer medienwirksam inszenierten Wiederaufnahme seiner Mission zur Kriminalisierung von Sexarbeit, der beliebte Gay Escort Service Rentboy.com geschlossen. Eine Hochzeit kostet natürlich. Und bezahlt wird sie von den Sündern.

*D. A. Miller**

* Italienische Fassung in: *Bellissimo. Un'analisi dei* Segreti di Brokeback Mountain *e di* Chiamami col tuo nome, Mailand 2022, S. 89 f.; hier auch die italienische Fassung des Textes von Franco Moretti, S. 9–28. Originaltitel der Essays (© D. A. Miller): »Cruising«, *Film Quarterly*, Vol. 61, No. 2 (Winter 2007), S. 70–73; »On the Universality of Brokeback Mountain«, *Film Quarterly*, Vol. 60, No. 3 (Spring 2007), S. 50–60; »Elio's Education«, *Los Angeles Review of Books*, 19. Februar 2018.